AF867788

SCORPIO

DER KLEINE SELBSTCOACH

ANNE VAN STAPPEN
CATHERINE BLONDIAU

GEWALTFREI KOMMUNIZIEREN

Aus dem Französischen
von Claudia Seele-Nyima

SCORPIO

Der kleine Selbstcoach

In unserer modernen Welt verändern sich die Lebensbedingungen immer rascher und wir geraten häufig in Situationen, in denen wir die Weichen neu stellen müssen. Hierbei ist »Der kleine Selbstcoach« ein wichtiger Begleiter.

Das von Marshall B. Rosenberg entwickelte Konzept der Gewaltfreien Kommunikation bietet eine wunderbare Möglichkeit, so miteinander umzugehen, dass der Kommunikationsfluss zu mehr Vertrauen und Freude am Leben führt.

Anne van Stappen

TEIL 1

Gewaltfreie Kommunikation

Im Alltag fällt es uns nicht immer leicht, mit anderen in eine Beziehung zu treten, die von liebevoller Zuwendung und Zusammenarbeit geprägt ist. Wie schnell ist man bei »Du-Anklagen«, wie rasch rutscht einem ein verletzender Satz heraus, wie oft hört man nur das, was man hören will! Mithilfe der Gewaltfreien Kommunikation und mit ein bisschen Übung verschaffen wir uns und anderen in Gesprächen mehr Klarheit und verbessern unsere Fähigkeit, zuzuhören und Konflikte zu entschärfen.

Vorwort

An dieser Stelle möchte ich Marshall B. Rosenberg herzlich dafür danken, dass er mit der von ihm begründeten Methode und Philosophie der Gewaltfreien Kommunikation (GFK) das Leben vieler Menschen auf spektakuläre Weise verändert, zum Besseren gewendet, wenn nicht sogar gerettet hat.

Dieser kleine Selbstcoach will **die Kunst des Dialogs, die im Dienst einer Kunst des Lebens – nämlich der Gewaltfreien Kommunikation – steht, weiterverbreiten.** Damit möchte er einen Traum ihres Begründers verwirklichen helfen: jedem Menschen das nötige Wissen zugänglich zu machen, wie er mit anderen auf eine Art und Weise in Beziehung treten kann, die Frieden, wohlwollende Zuwendung und Kooperation fördert. Dann nämlich stehen allen Menschen andere Strategien zur Verfügung, für ihre Bedürfnisse und Werte Sorge zu tragen, als die, sich gegenseitig an die Kehle zu gehen, anzugreifen oder umzubringen.

Die Übungen und Grundideen in diesem Heft wurden größtenteils von Marshall B. Rosenberg an mich weitergegeben. Sie bilden einen Weg des Bewusstseins hin zu mehr Menschlichkeit und sind ein wirksames Instrument zur Förderung unserer emotionalen Intelligenz.

Ein kleiner Vorgeschmack

Können wir in unseren Beziehungen friedfertig sein, ohne uns selbst völlig in den Hintergrund zu stellen? Lebendig und wahrhaftig, ohne aufzubrausen? Natürlich, aber nicht impulsiv?

Gibt es eine Methode, wie wir uns behaupten können, ohne andere zu »überfahren«, wie wir anderen zuhören, ohne uns dabei selbst zu vernachlässigen? Gibt es einen Mittelweg zwischen den beiden Extremen, sich hemmungslos aufzuregen und seinen Ärger hinunterzuschlucken?

Ich wünsche Ihnen, dass Sie es mit Hilfe der Gewaltfreien Kommunikation, kurz GFK, herausfinden!

Indem Sie den Weg der Kommunikation beschreiten, den wir Ihnen im Lauf der Lektüre vorstellen, werden Sie allmählich erkennen, wie Ihre Klarheit, Ihre Unabhängigkeit, Ihre Selbstbehauptung (die Fähigkeit, das zu äußern, was für Sie zählt, und dabei sich selbst **und** Ihr Gegenüber zu berücksichtigen) und Ihr Mut, schwierige Botschaften zu äußern, immer mehr wachsen. Ihre Lebensenergie nimmt zu, und Sie betrachten die menschliche Situation – auch Ihre eigene – mit wachsendem Wohlwollen.

Vorab ein Hinweis

Der Einstieg in die Gewaltfreie Kommunikation (GFK) ist mit dem Erlernen einer neuen Sprache vergleichbar: Er erfordert Übung und Entschlossenheit; Sie müssen sich langsam und geduldig davon durchdringen lassen.

Bevor Sie also mit dem Lesen beginnen, fragen Sie sich, ob diese Reise Sie reizt und ob Sie bereit sind, sich auf unbekanntem Terrain wiederzufinden, wo **nichts mehr so ist wie vorher** und wo **das Danach** von Tag zu Tag neu **aufgebaut werden muss.** In manchen Augenblicken wird Sie allein das Wissen trösten, dass das ganz normal ist: Bevor eine Sache leicht wird, ist sie erst einmal schwierig. Und Ihre Beziehungen, die häufig komplex und heikel sind, lohnen mit Sicherheit die Mühe, ins Land der GFK vorzudringen.

Gewaltfreie Kommunikation – was ist das?

Die GFK ist eine Denk- und Ausdrucksweise, die darauf abzielt, gegenseitiges Verständnis und Respekt in den Austausch einzubringen. Sie hilft jedem, sich wieder mit jenem Teil seiner selbst zu verbinden, der mit dem Herzen verstehen und sich Gehör verschaffen kann, ohne dabei aggressiv zu werden.

Wenn man versucht, diese Art des In-Beziehung-Tretens zu leben und anzuwenden, dann interessiert man sich nicht nur für das, was dabei herauskommen soll, sondern auch für das, was jeder dabei empfindet. Dadurch ist es möglich, auf andere einzugehen und im Einklang mit seiner Menschlichkeit zu bleiben. So fördert man eine **wohlwollende Einstellung in sich selbst und im anderen.**

Vertrauen und Freude an der Zusammenarbeit stellen sich daraufhin ganz natürlich von selbst ein, und alle gehen als Gewinner hervor – als Gewinner eines ganz speziellen Spiels, das auf unserem Planeten noch zu wenig verbreitet ist, bei dem nicht GEGEN jemanden, sondern MIT jemandem gespielt wird. Indem wir uns mit der GFK vertraut machen, entwickeln wir das Bewusstsein, dass man **nicht gewinnt, wenn man allein oder auf Kosten anderer gewinnt.**

Zeichnen Sie einmal ein Siegerpodest und stellen sich auf einen der Plätze. Zeichnen Sie dann auf die anderen Podeste weitere Personen, zu denen Sie (eventuell) in Konkurrenz stehen oder mit denen Sie Beziehungsschwierigkeiten haben (könnten).

Die Gewaltfreie Kommunikation ist ökologisch **par excellence,** da sie dazu beiträgt, eine GEGEN etwas gerichtete Energie in eine Energie FÜR etwas zu transformieren. Kritisieren, Grübeln, Meckern oder Schimpfen verschwendet beträchtliche Energie und das ist wenig produktiv. Haben Sie eine »kleine Fahrrad-Tretmühle« im Kopf, die Sie immer wieder mit sich ständig wiederholenden Gedanken bestürmt, in denen Sie bald den anderen, bald sich selbst anklagen oder verurteilen?

Wollen Sie Ihre Art zu sprechen, die voller schädlicher Vorwürfe ist, in inspirierende Worte umwandeln? Dann los, machen wir uns gemeinsam auf ins Land der Gewaltfreien Kommunikation!

Ein bisschen Theorie

Gewaltfreie Kommunikation hat zwei Erfahrungsebenen:

› **Die erste, Fundament und Sinn dieser Methode, ist die Absicht, eine wohlwollende Einstellung zu wahren und einen Zustand der Verbundenheit anzustreben.**
› **Die zweite ist eine Art zu kommunizieren, die im Dienst der ersten Ebene stehen soll; sie besteht aus vier Schritten: Beobachten der Gegebenheiten, (freiwilliges) Ausdrücken von Gefühlen, Ausdrücken der eigenen Bedürfnisse (die den Gefühlen zugrunde liegen) und Formulieren einer Bitte. Außerdem hat sie zwei Richtungen: aufrichtiger Selbstausdruck (oder Assertivität) und respektvolles Zuhören (oder Empathie).**

Diese Art zu kommunizieren, bei der die Beteiligten sich auf Augenhöhe begegnen, könnte man durch folgende Zeichnung symbolisieren:

Zeichnen Sie, wie Sie Ihre eigene Ellipse im Verhältnis zur Ellipse Ihrer Angehörigen wahrnehmen. Wenn Ihr Selbstausdruck je nach Person(en) variiert, dann fertigen Sie mehrere Zeichnungen an und schreiben Sie zum Beispiel »meine Eltern«, »meine Kinder«, »meine Kollegen« etc. hinein.

Bevor Sie die vier Schritte und zwei Richtungen der GFK entdecken, lassen Sie uns bestimmte Aspekte der Gewalt innerhalb von Beziehungen erkunden:

»Gewalt ist der tragische Ausdruck von nicht befriedigten Bedürfnissen. Sie ist die Manifestation der Ohnmacht und/oder der Verzweiflung eines Menschen, der so hilflos ist, dass er meint, seine Worte seien nicht mehr ausreichend, um sich Gehör zu verschaffen. Also greift er an, schreit, bedroht ...

Marshall B. Rosenberg

Beziehungsgewalt gibt es jedes Mal, wenn wir uns von unserer Menschlichkeit oder der unseres Gegenübers abkoppeln. Hier einige Formen von Beziehungsgewalt:

GEGENÜBER SICH SELBST

1. Nicht für sich selbst Sorge tragen in Bezug auf die eigenen ...
   - Empfindungen
     immer oft manchmal selten nie
   - Gefühle
     immer oft manchmal selten nie
   - Talente
     immer oft manchmal selten nie
   - Inneren Regungen
     immer oft manchmal selten nie

2. Sich selbst bewerten
   immer oft manchmal selten nie
   (Ich bin einfach zu ungeduldig!)
   - Sich selbst herabsetzen
     immer oft manchmal selten nie
     (Ich bin eine Niete!)
   - Sich Schuldgefühle einreden
     immer oft manchmal selten nie
     (Meine Schuld, ich hätte ...!)

3. Nicht den Mut haben, zu teilen:
   > Seine Freude

   immer oft manchmal selten nie

   > Sein Leid

   immer oft manchmal selten nie

Denken Sie über den folgenden Satz einmal intensiv nach:

GETEILTES LEID IST HALBES LEID, GETEILTE FREUDE IST DOPPELTE FREUDE.

4. Eine Erwartungshaltung haben

   immer oft manchmal selten nie

   (Ich muss, man sollte ...)

5. Das, was man sagen will, hinunterschlucken

   immer oft manchmal selten nie

   (Wozu über mich selbst reden, interessiert doch ohnehin niemanden!)

6. Sich aufregen

   immer oft manchmal selten nie

   (Ich ärgere mich über mich selbst, dass ich so blöd bin!)

GEGENÜBER ANDEREN

1. Bewerten, kritisieren

   immer oft manchmal selten nie

   (Du bist unsensibel!)

   - Vergleichen, beschuldigen

     immer oft manchmal selten nie

     (Deine Schwester arbeitet besser als du!)
   - Prophezeiungen verkünden

     immer oft manchmal selten nie

     (Mit dir wird es noch einmal schlimm enden!)
   - Interpretieren

     immer oft manchmal selten nie

     (Er hat mich nicht gegrüßt, also ist er böse auf mich!)
   - Verallgemeinern

     immer oft manchmal selten nie

     (Teenies sind alle unkontrollierbar!)
   - Vorgefasste Meinungen, Vorurteile haben

     immer oft manchmal selten nie

     (Politiker sind alle Profitgeier!)
   - Hierarchien aufstellen

     immer oft manchmal selten nie

     (Die Leute aus dem Norden arbeiten mehr als die aus dem Süden!)

2. Schwarz-Weiß- bzw. »Entweder-oder«-Denken

   immer oft manchmal selten nie

   (Wahr und falsch, Gut und Böse etc.: »Wenn du nicht lernst, gehst du nicht mehr aus dem Haus!« statt »Wie könntest du dich entspannen, ohne dass das Lernen dabei zu kurz kommt?«)

3. Die eigene Verantwortung leugnen

   immer oft manchmal selten nie

   Unsere Verantwortung zu leugnen bedeutet doppelte Gewalt: gegen denjenigen, den wir anklagen, und gegen uns selbst, denn wir verzichten auf die Möglichkeit, Einfluss zu nehmen. Wir glauben, das Problem los zu sein, doch da wir meinen, nichts dagegen ausrichten zu können, verlieren wir in Wirklichkeit all unseren Einfluss.

   (Das Problem ist meine Mutter, mein Chef, mein Pech ...)

4. Fordern, verpflichten, bedrohen

   immer oft manchmal selten nie

   Es verringert den Elan, Dinge zu tun, und garantiert nicht, dass sie in unserer Abwesenheit getan werden.

   (Die Akte muss heute Morgen noch fertig werden, sonst geht es schlecht aus!)

5. Mangelnde Zeit und Bereitschaft, anderen zuzuhören

   immer oft manchmal selten nie

   Es entmenschlicht die Beziehungen, schadet der Gesundheit und nimmt die Lust, die zugeteilten Aufgaben zu erledigen.

   (Meinen Sie vielleicht, ich hätte nichts anderes zu tun, als mir Ihre Probleme anzuhören?)

6. Ungebeten Ratschläge erteilen

   immer oft manchmal selten nie

   Eine Art, jemandem zu verstehen zu geben, dass man besser weiß als er/sie, was für ihn/sie am besten ist.

   (Du musst Sport treiben! Such dir eine andere Arbeit!)

7. Sich aufregen, sich über den anderen ärgern

   immer oft manchmal selten nie

   (Nie hörst du zu, wenn man dir etwas sagt!)

8. Leugnen, dass man die Wahl hat

   immer oft manchmal selten nie

   (Ich musste es tun. Es waren Anweisungen.)

MEINE EIGENE GEWALT ERKENNEN HEISST, EINEN SCHRITT IN RICHTUNG GELASSENHEIT TUN.

Und Sie, wie steht es mit Ihnen?
Neigen Sie Ihrer Einschätzung nach zu Gewalt?
Gegen sich selbst?

Ja Nein

Gegen andere?

Ja Nein

Kreuzen Sie die Formen der Gewalt an, in denen Sie sich wiedererkennen, und geben Sie die Häufigkeit an.
Gibt es weitere, nicht erwähnte Formen, die Sie hinzufügen möchten? Schreiben Sie sie hier auf:

Wie äußert sich Beziehungsgewalt bei Ihnen?
Gegen wen richten sich Ihre Wutausbrüche oder Ihre Aggressionen?

Falls Sie sie kennen: Welche **Zeichen** kündigen bei Ihnen an, dass Sie in eine Form der Gewalt »kippen«?

Welche Faktoren steigern Ihre Streitlust?

Zum Beispiel Müdigkeit, Lärm ...

Welche Voraussetzungen oder Personen in Ihrer Umgebung tragen dazu bei, dass Sie friedlich bleiben oder Ihre Ruhe wiederfinden?

Zum Beispiel Sport treiben, mit einer Freundin sprechen ...

Zeichnen oder beschreiben Sie die stärkste Beziehungsgewalt, die Sie dieses Jahr ausgeübt haben.	Zeichnen oder beschreiben Sie Ihre schönste Geste der Versöhnung in diesem Jahr.

Betrachten Sie das, was Sie gezeichnet oder beschrieben haben, und **nehmen Sie die Gefühle wahr,** die in Ihnen aufkommen (siehe Liste der Gefühle auf S. 70f.). Spüren Sie, ohne sich selbst zu bewerten.

Und nun wollen wir mit dem ersten Teil unserer Reise beginnen. Er umfasst **vier Schritte:**

› **Beobachten**
› **Das Gefühl mitteilen**
› **Das Bedürfnis ausdrücken**
› **Die Bitte äußern**

Beobachten

»Beobachtung ist bei der Konfliktlösung entscheidend, denn sie unterscheidet zwischen dem, was man ist, und dem, was man darüber denkt. Das ist ein Raum, in dem ein Gespräch wieder möglich wird.«

CHRISTIANE GOFFARD

Oft meinen wir in einem Gespräch, wir würden über dasselbe sprechen wie unser Gesprächspartner, und stellen uns vor, wir hätten dieselbe Erinnerung oder Wahrnehmung. In Wirklichkeit kommt es aber vor, dass das gar nicht so ist. Oft fällt man auch schon beim Beobachten der Fakten ein Urteil, das den anderen in die Defensive treibt und dem Dialog ein Ende setzt. Darum ist es wichtig, dass wir unsere Beobachtungen neutral formulieren und uns darauf beschränken, die Fakten zu beschreiben, ohne eine Meinung oder Interpretation hineinzulegen.

Zum Beispiel besteht ein großer Unterschied zwischen der Aussage »Du bist ein Egoist!« und der Aussage »Wenn du das ganze Fleisch aufisst ...«

Die zweite Formulierung erhöht die Bereitschaft und Offenheit für ein Gespräch.

Übung: Fakten nennen, ohne eine Bewertung hinzuzufügen. Bestimmen Sie, ob die folgenden Sätze eine Beobachtung ohne Bewertung ausdrücken. Wenn sie eine Bewertung enthalten, überlegen Sie, was eine reine Beobachtung sein könnte, und formulieren Sie die Aussage neu.

1. Du sitzt die ganze Zeit vor dem Computer. =>

2. Bei unseren Meetings redest du zu viel. =>

3. Heute Morgen bist du weggegangen und hast deinen Teller auf dem Tisch stehen gelassen. =>

4. Wegen jeder Kleinigkeit gehst du auf andere los. =>

5. Du bist zu gluckenhaft mit den Kindern. =>

6. Gestern hast du deine kleine Schwester geschlagen. =>

7. Abends ist Lukas trübsinnig. =>

Mögliche Antworten:

1. Gestern hast du den Computer fünf Stunden lang benutzt.
2. In dem Meeting heute Morgen hast du 40 Minuten lang geredet und den anderen beiden blieben nur noch 10 Minuten.
3. Okay.
4. Du sagst, dass wir dir »gerade alle das Leben zur Hölle machen«.
5. Du checkst den Rucksack unseres Sohnes, bevor er zu seiner Abschlussfahrt aufbricht.
6. Okay.
7. Lukas weint abends.

ACHTEN SIE VOR ALLEM DARAUF, DASS SIE KONTROLLIEREN, WAS IN IHREM KOPF VOR SICH GEHT!

Das Wesentliche ist die Energie, die Sie ausstrahlen. Sie ist stärker zu spüren als das, was Sie sagen. Es ist nämlich so: Selbst wenn Sie diese Übung erfolgreich ausgeführt haben, kommt es hauptsächlich auf **die Absicht** an, **nicht zu bewerten.** Diese Absicht können wir aber hier nicht messen.

Wenn Marie zum Beispiel zu ihrem Nachbarn sagt: »Diese Woche hast du meine Post nicht abgeholt, wie wir vereinbart hatten«, dann handelt es sich auf verbaler Ebene zwar um eine reine Beobachtung, nicht aber auf der nonverbalen Ebene (was Körper und Stimme ausdrücken): Wenn Marie die Arme vor ihrem Körper verschränkt hat und in einem aggressiven Ton spricht, wird ihr Nachbar in die Defensive gedrängt, denn er wird daraus (auch unbewusst) ableiten, dass sie ihm einen Vorwurf macht.

BEI IHREM GESPRÄCHSPARTNER KOMMT VOR ALLEM IHRE NONVERBALE EINSTELLUNG AN.

Gefühl

Die heutige Gesellschaft lässt wenig Raum für Menschlichkeit. Empfindungen und Gefühle werden sogar als Hindernis für das reibungslose Funktionieren des Lebens empfunden. Letzteres trifft tatsächlich zu – allerdings nur, wenn uns unsere Gefühle nicht bewusst sind! Durch das bewusste Wahrnehmen unserer Gefühle können wir hingegen verhindern, dass sie uns überwältigen, und uns gegebenenfalls ihrer annehmen.

Unsere Gefühle sind die Farbe, die das Leben in uns von Augenblick zu Augenblick annimmt. Unter dem Begriff »Gefühl« fasst die Gewaltfreie Kommunikation gleichzeitig körperliche Sinneseindrücke, Empfindungen und Gefühle zusammen. Um auszudrücken, was wir fühlen, ist es wichtig, einen reichen Wortschatz zu entwickeln, denn wir empfinden jeden Tag die unterschiedlichsten Gefühle und haben weder gelernt, sie wahrzunehmen, noch, sie zu benennen.

Kommt es vor, dass Sie sich ärgern oder traurig sind, ohne dass es ihnen in dem Moment bewusst ist?

○ Ja ○ Nein

Und dass es Ihnen erst bewusst wird, wenn Sie schon mehrere Tage in diesem Zustand waren?

○ Ja ○ Nein

Wie geht es Ihnen genau hier und jetzt? Nehmen Sie wahr, was Sie fühlen, und schreiben Sie Ihre momentanen Gefühle bunt auf.

Meine augenblicklichen Gefühle:

Ein Gefühl ist ein Bote, ein Indikator, der uns meldet, dass etwas in uns erfüllt ist oder Aufmerksamkeit verlangt: Und dieses **Etwas** wird in der Gewaltfreien Kommunikation **»Bedürfnis«** genannt. Wir werden es im Lauf des dritten Schrittes erkunden.
Die Schritte »Gefühl« und »Bedürfnis« sind untrennbar miteinander verbunden. Wenn ich zum Beispiel feststelle, »ich empfinde Verwirrung«, dann bedeutet das, »ich brauche Klarheit«.

Es ist gemeinhin anerkannt, dass es **vier Grundgefühle** gibt – Freude, Traurigkeit, Angst und Zorn –, um die herum sich unzählige Nuancen auffächern.

Kreuzen Sie bei diesen zwölf Gefühlen diejenigen an, die Sie gerne empfinden möchten:

Begeisterung
Frieden
Verärgerung
Bedrücktheit
Heitere Gelassenheit
Zorn
Freude
Enttäuschung
Verbitterung
Traurigkeit
Angst
Groll

Entwickeln Sie den Wortschatz Ihrer Gefühle weiter, um diese so ausdrücken zu können, dass es Ihrer Wahrheit am ehesten entspricht und möglichst eindeutig ist.

Welche Gefühle sind in den folgenden Situationen möglich:

1. Sie haben gerade ein Glas zerbrochen. =>

____

2. Sie erfahren, dass ein Tankschiff gesunken ist und das Öl sich im Meer verteilt hat. =>

____

3. Sie erfahren, dass Sie eine wichtige Prüfung mit Auszeichnung bestanden haben. =>

4. Ihr Partner/Ihre Partnerin sagt Ihnen, dass er/sie Sie liebt. =>

Mögliche Antworten:
1. Frustriert, enttäuscht ...
2. Besorgt, hilflos ...
3. Glücklich!
4. Im siebten Himmel!

Und noch eine weitere Sprachübung!
Vervollständigen Sie diese Liste, indem Sie sich, falls nötig, eine entsprechende Situation vorstellen:

1. Wenn Sie sich allein fühlen, dann haben Sie das Bedürfnis ...

2. Wenn Sie müde sind, haben Sie das Bedürfnis ...

3. Wenn Sie sich ärgern, haben Sie das Bedürfnis ...

4. Wenn Sie besorgt sind, haben Sie das Bedürfnis ...

Mögliche Antworten:

1. ... nach Gesellschaft, Austausch ...
2. ... nach Ruhe, Selbstbesinnung ...
3. ... sich wieder zu beruhigen ...
4. ... beruhigt zu sein in Bezug auf ...

Häufig meinen wir, dass unsere Gefühle von Ereignissen oder von Handlungen anderer hervorgerufen werden. Das stimmt aber nicht:

UNSERE GEFÜHLE ENTSPRINGEN UNSEREN BEDÜRFNISSEN!

Hier eine Anekdote, die diese Aussage veranschaulicht:

Nach einem Arbeitstreffen, bei dem die Teilnehmer viel gelacht hatten und nur wenig mit ihren Unterlagen vorangekommen waren, stellte der Leiter allen die Frage, wie sie sich fühlten. Manche antworteten, dass sie sich freuten, weil ihr Bedürfnis nach Entspannung und gemeinsamem Vergnügen befriedigt worden war; andere erklärten, sie seien enttäuscht, weil sie das Bedürfnis hätten, ihre Zeit gut zu nutzen. Das verdeutlicht, dass ein und dasselbe Ereignis gegensätzliche Gefühle hervorrufen kann – je nach den Bedürfnissen der Betreffenden.

Empfinden Sie ein angenehmes Gefühl, bedeutet das, dass eines Ihrer Bedürfnisse erfüllt wurde – oder mehrere. Wenn Ihr Lebensgefährte Ihnen Blumen schenkt, sind Sie höchstwahrscheinlich glücklich, weil Ihr Bedürfnis nach Aufmerksamkeit dadurch befriedigt wird.

Ist Ihr Gefühl unangenehm, bedeutet dies, dass Sie ein unerfülltes Bedürfnis haben (oder mehrere). Wenn Ihr(e) Partner(in) Stunden bei Facebook verbringt und sich nicht um Sie schert, sind Sie vielleicht enttäuscht, weil Sie das Bedürfnis haben, nicht beachtet zu werden und nicht mit ihm/ihr zu reden.

Der Gedanke, dass unsere Gefühle von anderen verursacht werden, kann eine erhebliche Quelle der Gewalt sein. Wenn wir zu unserem Kind sagen: »Ich bin traurig, weil du dein Zimmer nicht aufräumst«, vermitteln wir ihm schon von klein auf, es sei dafür verantwortlich, dass es uns nicht gut geht. Und verleiten es zu der Annahme, es stehe in seiner Macht, uns glücklich oder unglücklich zu machen. In Wirklichkeit sind wir in einer solchen Situation jedoch traurig, weil wir Ordnung mögen und/ oder weil wir das Bedürfnis nach der Gewissheit haben, dass unsere Erziehung Früchte trägt ... Dadurch, dass wir einen anderen Menschen für unsere Gefühle verantwortlich machen, belasten wir sein Gefühlsleben mit unserem eigenen und verzichten auf unsere Macht, selbst Einfluss zu nehmen.

Dieses Konzept funktioniert in beide Richtungen. Dementsprechend ist es auch nicht sinnvoll, uns selbst dadurch zu belasten, dass wir die Schuld für die Gefühle eines anderen Menschen auf uns nehmen. Unser Handeln mag zwar beim anderen Leid hervorrufen, doch der Ursprung seines Leidens liegt in **seinem** nicht befriedigten Bedürfnis.

Wenn ein Mann denkt: »Meine Frau ist enttäuscht, weil ich zum Sport gehe«, dann bürdet er sich eine Schuld und/oder eine Verantwortung auf, die es für ihn und seine Beziehung vorher nicht gab. Es ist also sehr wichtig für ihn, sich darüber klar zu werden, dass seine Frau nicht deswegen enttäuscht ist, weil er nicht ihren Wünschen gemäß handelt, sondern weil **sie** das Bedürfnis nach Gesellschaft hat oder etwas für ihre Beziehung zu ihm tun will.

Das heißt, selbst wenn dem Ehemann bewusst ist, dass er weder die Schuld an den Gefühlen seiner Frau trägt noch dafür verantwortlich ist, ist es wichtig, dass er **die Verantwortung für seine eigenen Absichten und Handlungen übernimmt.** Also ist es gut, dass er ebenfalls Momente schafft (Handeln), um seine Beziehung zu fördern, wenn er dafür sorgen will, dass seine Partnerschaft gut bleibt (Absicht). Wenn er also eine Entscheidung zugunsten seiner eigenen Bedürfnisse trifft (Entspannung beim Sport), hört er die Bedürfnisse seiner Frau dennoch aufmerksam an (Verbundenheit), selbst wenn sie erst zu einem späteren Zeitpunkt berücksichtigt werden.

Eine Beziehung kann sich besser entfalten, wenn gegenseitige Schuldzuweisungen reduziert werden und jeder die Bedürfnisse des anderen anhört, wahr- und annimmt und berücksichtigt – und zwar in gleichem Maße wie seine eigenen.

Bestimmte Begriffe werden zwar häufig als Bezeichnungen für Gefühle gebraucht, sollten aber dennoch vermieden werden, denn sie enthalten Bewertungen. Zum Beispiel Äußerungen wie: »Ich fühle mich betrogen, verlassen, inkompetent …« Da sie urteilen oder anklagen, sind sie eine potenzielle Konfliktquelle (Bewertung anderer) oder Ursache für Niedergeschlagenheit (Bewertung seiner selbst).
Sätze wie »Ich habe das Gefühl, dass …«, »Ich habe den Eindruck, dass …« sollten Sie nicht verwenden, weil oft ein Gedanke auf sie folgt: »Ich habe das Gefühl, dass du mich belügst«, drückt einen Gedanken aus. »Ich empfinde Misstrauen« hingegen drückt ein Gefühl aus.

Bestimmen Sie, ob die folgenden Sätze ein maskiertes Gefühl oder Urteil ausdrücken. Kommt das Gefühl nicht zum Ausdruck, schreiben Sie den Satz so um, dass es deutlich zutage tritt.

1. Wenn du mir nicht guten Tag sagst, fühle ich mich ignoriert.

Gefühl	Versteckte Bewertung	Neuformulierung
Ja Nein	Ja Nein	Ja Nein

____

2. Ich werde es nicht schaffen.
Gefühl Versteckte Bewertung Neuformulierung
Ja Nein Ja Nein Ja Nein

---

3. Ich ärgere mich, dass ich mein Abitur nicht geschafft habe.
Gefühl Versteckte Bewertung Neuformulierung
Ja Nein Ja Nein Ja Nein

---

4. Ich habe das Gefühl, dass du Sandra bevorzugst.
Gefühl Versteckte Bewertung Neuformulierung
Ja Nein Ja Nein Ja Nein

---

5. Du regst mich auf, wenn du alles so unordentlich liegen lässt.
Gefühl Versteckte Bewertung Neuformulierung
Ja Nein Ja Nein Ja Nein

---

6. Ich habe unsere Streitereien satt.
Gefühl Versteckte Bewertung Neuformulierung
Ja Nein Ja Nein Ja Nein

---

7. Ich habe das Gefühl, dass er mich beschwindelt.
Gefühl Versteckte Bewertung Neuformulierung
Ja Nein Ja Nein Ja Nein

Mögliche Lösungen:

1. Ich fühle mich ratlos …
2. Ich fühle mich entmutigt …
3. Okay.
4. Ich fühle mich traurig.
5. Ich bin ärgerlich …
6. Okay.
7. Ich empfinde Misstrauen …

Übung: Eine bessere Welt

Schreiben Sie die sieben wichtigsten Merkmale auf, die in Ihrem Leben auf der Beziehungsebene eine bessere Welt ausmachen würden, zum Beispiel: sich die Zeit nehmen, um die Nachbarn kennenzulernen; Ihre Verpflichtungen einhalten etc. Betrachten Sie diese Welt, stellen Sie sich vor, sie sei schon Wirklichkeit geworden, und spüren Sie, welche Wirkung das auf Sie hat.

Meine bessere Welt

Das Bedürfnis – der Diamant des GFK-Prozesses

»Alles, was wir tun und sagen, zielt darauf ab, unsere Bedürfnisse zu erfüllen.«

Marshall B. Rosenberg

Entsprechend der Bedeutung in der GFK bezeichnet der Begriff »Bedürfnis« das, was für unser Leben unerlässlich ist, wie auch das, was ihm Sicherheit und Sinn verleiht. Er umfasst gleichzeitig unsere »Grundbedürfnisse«, unsere »Sicherheitsbedürfnisse« und unsere »Bedürfnisse nach Entfaltung und Selbstverwirklichung«.

› **Grundbedürfnisse: atmen, essen, trinken, schlafen, ausscheiden**
› **Sicherheitsbedürfnisse: Materielle, emotionale … Sicherheit**
› **Menschliche Bedürfnisse nach Selbstentfaltung:**
› **Bedürfnis, zum Leben beizutragen, Sinn zu verleihen …**

Zeichnen Sie einen Baum denn der symbolisiert Ihre Bedürfnisse: Schreiben Sie in seine Wurzeln Ihre Grundbedürfnisse, in den Stamm und die Äste Ihre wichtigsten Sicherheitsbedürfnisse und in die Blätter Ihre derzeitigen Bedürfnisse nach Selbstentfaltung. Malen Sie Ihren Baum nach Belieben bunt aus.
Wenn Sie Ihre Bedürfnisse nach Sicherheit und Entfaltung entdecken wollen, werden Ihnen die Listen auf S. 70 und 71 helfen.

Bedürfnisse sind wesentlich, weil sie eine gemeinsame Basis bilden, auf der Menschen sich verstehen können. Auf der Bedürfnisebene ist ein Konflikt unmöglich, denn das ist eine Ebene, die zu gegenseitigem Verständnis und zum Nichturteilen führt. Tatsächlich sind Bedürfnisse universal und bei allen Menschen ähnlich.

»Kein Mann, keine Frau vermag ohne Atmen oder Trinken auszukommen – um von der physiologischen Ebene zu sprechen – oder ohne in Beziehung zu stehen, ohne Verständnis für die eigenen Freuden und Leiden zu erhalten und ohne Entscheidungsfreiheit zu genießen.

ANNE BOURRIT

Ein Bedürfnis wird positiv ausgedrückt und impliziert weder eine andere Person noch eine konkrete Handlung. Es geht darum zu sagen, »Ich habe das Bedürfnis, zu …«, und nicht, »Ich habe das Bedürfnis, dass du **nicht** …«

Sagen Sie Ihrem Sohn oder Ihrer Tochter, wenn er oder sie das erste Mal abends ausgehen: »Ich habe das Bedürfnis, dass du kein Risiko eingehst und zusammen mit deinem Bruder wieder nach Hause kommst«, ist das eine negative Formulierung; sie bezieht die andere Person mit ein und bringt noch eine Handlung mit hinein. Sagen Sie besser: »Ich bin besorgt und habe das Bedürfnis, beruhigt zu sein und zu wissen, dass du gut aufgehoben bist. Bist du damit einverstanden, zusammen mit deinem Bruder nach Hause zu kommen?«

Übung: Die eigenen Bedürfnisse erkennen

Finden Sie heraus, ob die folgenden Sätze ein Bedürfnis mitteilen. Wenn nicht, überlegen Sie, welches Bedürfnis es sein könnte, und formulieren Sie den Satz neu, sodass das Bedürfnis ausgedrückt wird.

1. Ich bin traurig, weil du mir nicht zum Geburtstag gratuliert hast. =>

___

2. Ich bin enttäuscht, dass du deiner Verpflichtung nicht nachgekommen bist. =>

___

3. Ich habe das Bedürfnis, dass du mich besuchst. =>

___

4. Ich brauche mehr Zeit zum Reden. =>

___

5. Ich brauche Verbundenheit und Solidarität. =>

___

6. Ich hätte gerne mehr Klarheit. =>

___

7. Ich möchte, dass du still bist, wenn ich rede. =>

___

Mögliche Ergebnisse

1. Ich bin traurig, weil ich gerne gefeiert werde.
2. Ich bin enttäuscht, weil ich das Bedürfnis habe, dass du dich in dem, was du tust, konsequent an das hältst, was du sagst.
3. Ich habe das Bedürfnis unsere Beziehung zu fördern.
4. Ich habe das Bedürfnis, in meinem eigenen Rhythmus vorzugehen.
5. Es wird ein Bedürfnis mitgeteilt.
6. Es wird ein Bedürfnis mitgeteilt.
7. Ich brauche Ruhe, Konzentration.

In der Gewaltfreien Kommunikation sind Sie sich, während Sie sich äußern, bewusst, dass Sie gerade durch das Auflösen der »Verflechtung« mit dem anderen die Chancen erhöhen, ihm wirklich nahe zu kommen. Dementsprechend sorgen Sie dann, wenn Sie Ihr Bedürfnis ausdrücken, dafür, dass Sie keinen anderen Menschen mit hineinziehen (Beispiel 1); und wenn Sie das Bedürfnis der anderen Person in Betracht ziehen, sollten Sie die »Verflechtung« mit ihr lösen (Beispiel 2).

› **Beispiel Nr. 1: »Ich brauche Ruhe« und nicht »Ich habe das Bedürfnis, dass du dich beruhigst!«**
› **Beispiel Nr. 2: »Hast du das Bedürfnis, allein zu sein, um wieder zu dir zu kommen?« und nicht »Hast du das Bedürfnis, dass ich dich in Frieden lasse?!«**

Kehren Sie noch einmal zur Übung »Eine bessere Welt« (S. 34) zurück, lesen Sie, was Sie geschrieben haben, und »übersetzen« Sie Ihre Aussagen gegebenenfalls in Bedürfnisse.

Zum Beispiel, weniger Streit in der Familie
› **Bedürfnis nach Harmonie**

Sobald uns ein nicht befriedigtes Bedürfnis bewusst wird, können wir eine Frage entwerfen und einen Ausweg aus unserer Schwierigkeit finden.

Die Bitte

»Eine Bitte, bei der wir uns der Bedürfnisse bewusst sind, ist der Schlüssel zur Fülle.«

Guy de Beusscher

Eine Bitte umfasst sechs Kriterien:

- **Sie richtet sich an eine bestimmte Person: »Bist du damit einverstanden, ...« und nicht »Könnte jemand mir helfen?«**
- **Sie betrifft den gegenwärtigen Moment: »... mir zu sagen, ob du das Geschirr spülen willst ...« und nicht »Von jetzt an übernimmst du das Spülen!«**
- **Sie ist konkret: »... mir zu sagen, ob du das Geschirr spülen willst« und nicht abstrakt, wie »mir zu helfen«.**
- **Sie wird positiv formuliert: Negationen wie »nicht mehr ...« sollten vermieden werden.**
- **Sie ist realisierbar: Unmögliches zu verlangen ist der beste Weg, überhaupt nichts zu erreichen!**
- **Sie lässt die Wahl: »Wärst du damit einverstanden, ...« und nicht »Ich will, dass du ...«.**

EINE BITTE FORMULIEREN HEISST, INITIATIVE ERGREIFEN, UND DAS BEDEUTET, SEIN LEBEN IN DIE HAND NEHMEN!

Die Bitte hat das Potenzial, Veränderungen einzuleiten. Manchmal kann die Entdeckung, wie sehr es in unserer Macht steht, das zu schaffen, was wir anstreben, beängstigend sein. Bei anderen Gelegenheiten macht uns wiederum die Vorstellung Angst, ein Nein zu erhalten.

Es gibt zwei Arten von Bitten:

› **Solche, die auf die Beziehung mit dem anderen abzielen (in 90 % der Fälle verwendet),**
› **und solche, die auf eine Handlung abzielen (10 % der Fälle).**

Beispiele für eine Beziehungsbitte:
»Was ich jetzt gerne hätte, ist ...

› **deine Meinung zu hören;**
› **dass du mir sagst, ob es dir recht ist, wenn wir gemeinsam nach möglichen Lösungen suchen;**
› **dass du mir sagst, was in dir vorgeht, wenn du mir zuhörst.«**

Beispiel für eine Handlungsbitte:
»Was ich jetzt gerne hätte, ist ...

- **dass wir uns unsere Kalender nehmen und einen Termin festlegen;**
- **dass du bis morgen den Rasen mähst.«**

ÜBUNG: LERNEN, EINE BITTE ZU FORMULIEREN

Prüfen Sie die folgenden Sätze. Wenn die sechs Kriterien nicht erfüllt sind, formulieren Sie die Bitte neu. Stellen Sie sich dabei gegebenenfalls eine entsprechende Situation vor.
Beispiel für eine Bitte, die die sechs Kriterien erfüllt: »Bist du damit einverstanden, dass wir heute Abend noch einmal über unsere Meinungsverschiedenheit von gestern sprechen?«

1. Ich hätte gerne, dass du mir zuhörst. =>

   ____

2. Ich möchte gerne, dass du mir eine Sache nennst, die ich getan habe und die du gut findest. =>

   ____

3. Ich hätte gerne, dass du etwas lockerer wirst, um deinen Vortrag zu halten. =>

   ____

4. Bist du bereit, heute das Essen zuzubereiten? =>

   ____

5. Lass mich mein Leben leben! =>

____

6. Von jetzt an wirst du ans Telefon gehen! =>

____

7. Bist du einverstanden, wenn wir das Gespräch nach dem Abendessen fortsetzen? =>

____

Mögliche Antworten:

1. Bist du bereit, mir mit deinen eigenen Worten zu sagen, was du von dem, was ich dir gerade gesagt habe, verstanden hast?
2. Okay.
3. Würde es dir Selbstvertrauen geben, wenn du deinen Vortrag heute Abend vor mir hältst?
4. Okay.
5. Ich möchte gerne selbst entscheiden, was ich Samstag anziehe!
6. Bist du bereit, von 16 bis 17 Uhr ans Telefon zu gehen?
7. Okay.

Kehren Sie noch einmal zur Übung »Eine bessere Welt« (siehe S. 34) zurück. Lesen Sie die Bedürfnisse, die Sie aufgeschrieben haben, und formulieren Sie eine Bitte, die Sie an sich oder andere richten könnten, um sich einem Ihrer Bedürfnisse anzunähern. So können Sie Akteur(in) Ihrer besseren Welt werden.

* * *

Hier sind wir nun am Ende der vier Schritte der Gewaltfreien Kommunikation angelangt.

Wenden wir uns jetzt den beiden Richtungen zu, durch die wir eine komplette Kommunikation zwischen einem anderen Menschen und uns selbst aufbauen:

› **Aufrichtiger Selbstausdruck oder Assertivität**
› **und Empathie (Einfühlung)**

Ein Beispiel möge das verdeutlichen. Stellen Sie sich zwei Personen vor, jede steht auf einem Berggipfel. Vor ihnen, im Tal, steht eine Tanne. Jeder sieht dabei nur »seine« Seite der Tanne.

Die Art, wie beide die Tanne beschreiben, muss sich also zwangsläufig unterscheiden.

Der Teil »Selbstausdruck« lehrt uns, unsere Seite der Tanne so objektiv wie möglich zu erkennen und zu beschreiben – und dabei den Respekt gegenüber dem anderen zu wahren.

Um den Teil »Dem anderen zuhören« zu verstehen, steigen wir von unserem eigenen Berg herunter und erklimmen den des anderen, damit wir **seinen** Standpunkt entdecken können. Dazu müssen wir uns von unserer Sicht der Dinge lösen und die unseres Gesprächspartners betrachten.

Natürlich verlangt ein solcher Alpinismus uns einiges ab, doch er ermöglicht uns gleichzeitig eine unersetzliche Erfahrung, denn nachdem wir den Berg des anderen bestiegen haben, kommen wir zurück zu unserem eigenen, bereichert um die Vielfalt der Wege, die zu den verschiedenen Standpunkten führen, und um das Wissen, wie die Tanne insgesamt aussieht.

Selbsteinfühlung (Selbstempathie) – stiller Vorspann des Selbstausdrucks

Dadurch, dass wir zu unserem Innersten vordringen, finden wir zum Einklang mit unserem Gegenüber.

Einer der wesentlichsten Punkte zum Aufrechterhalten von Beziehungen liegt darin, dass wir lernen zu spüren, was in uns vorgeht und warum – ganz besonders, wenn wir auf Schwierigkeiten stoßen.

Bei der Selbstempathie nehmen wir uns einen Moment Zeit, um uns nach innen zu wenden und wahrzunehmen, was dort vor sich geht. Dafür stellen wir uns zwei Fragen:

› **Wie fühle ich mich?**
› **Was will ich in dieser Situation?**

Und bei diesen Fragen bleiben Sie, bis sich eine Klarheit im Inneren einstellt und/oder bis Sie eine Linderung des Unbehagens spüren.

DIE AUFMERKSAMKEIT, DIE WIR UNS ENTGEGENBRINGEN, BERUHIGT UNS UND MACHT ES MÖGLICH, DASS WIR ANSCHLIESSEND DEN ANDEREN BESSER WAHR- UND ANNEHMEN KÖNNEN.

In sich hineinhorchen erfordert Zeit und ist nicht immer leicht: Es kommt vor, dass Sie sich schlecht fühlen, aber nicht wissen, warum. In einem solchen Fall ist es gut, sich Zeit zu lassen und sich selbst bewusst wahrzunehmen, **wohlwollend und ausdauernd.** Unter Umständen kann es hilfreich sein, wenn Sie Ihre Gefühle und Bedürfnisse so, wie sie Ihnen nach und nach bewusst werden, aufschreiben.

Zum Beispiel: Eine Frau verkündet ihrem Mann, dass sie sich einen Monat lang von ihm trennen will. Ihr Mann könnte sich mit Selbstempathie wahr- und annehmen und schreiben:

»Meine Frau hat mir mitgeteilt, dass sie sich einen Monat lang von mir trennen will, deswegen ...

- **bin ich beunruhigt und habe das Bedürfnis, die Gewissheit zu haben, dass unsere Beziehung auf festen Füßen steht.**
- **habe ich das Gefühl, dass ich mich ungeschickt anstelle, und möchte gerne glauben, dass sie die Liebe spürt, die ich für sie empfinde.**
- **bin ich traurig und habe das Bedürfnis, unsere Beziehung zu schützen.**
- **bin ich überrascht und möchte gerne die Beweggründe für ihre Bitte verstehen.«**

»Nun werde ich ihr einen Brief schreiben, um darin meine Liebe zu ihr zum Ausdruck zu bringen, und schlage ihr vor, dass wir an einem Abend, wenn die Kinder im Bett sind, einmal über alles reden, damit ich verstehe, was in ihr vorgeht.«

Sich Zeit zu nehmen und in sich hineinzuhorchen vermittelt Klarheit, Energie und Vertrauen. Anschließend kann man im

Hinblick auf diese Bedürfnisse des Moments Bitten (an sich selbst) formulieren.

Selbstempathie-Übung

- Denken Sie an eine schwierige Situation:
- Beobachten Sie die Situation:
  Wenn ich an … denke, …
- Nehmen Sie Ihre Gefühle wohlwollend und kontinuierlich wahr:
  … dann fühle ich mich, …
- Finden Sie Ihre nicht befriedigten Bedürfnisse:
  … weil ich das Bedürfnis habe, …
- Finden Sie heraus, was Sie tun könnten, um eines Ihrer Bedürfnisse zu befriedigen:
  … und jetzt werde ich …

Wenn morgens die Kaffeekanne explodiert, die Kinder spät dran sind und Ihr Mann die beleidigte Leberwurst spielt, dann entscheiden Sie sich sofort für Selbstempathie!

Selbstausdruck oder Aufrichtigkeit, Assertivität

Die Seite, die MICH betrifft

Je mehr das, was Sie sagen, Ihrer Menschlichkeit entspringt, das heißt, sich in Form von Gefühlen und Bedürfnissen äußert und den anderen respektiert, umso glaubhafter sind Sie, umso mehr wird man Sie beachten und Ihnen zuhören. Nachdem Sie geklärt haben, was in Ihnen vorgeht, beschließen Sie, sich aufzumachen und mit der betreffenden Person darüber zu sprechen.

Aus dem Blickwinkel der GFK gesehen, ist **Aufrichtigkeit** die Fähigkeit eines Menschen, seine Gefühle und das, was er will, auszudrücken, ohne zu urteilen, zu beschuldigen oder aggressiv zu werden. Wollen wir uns gut verstehen, dann ist es wichtig, dass wir lernen, dem anderen **unsere eigene Wahrheit** zu sagen, statt ihm seine vier Wahrheiten an den Kopf zu werfen!

Fühlt ein Gesprächspartner sich in einer Beziehung kritisiert, schwächt dies die allgemeine Fähigkeit, zusammenzuarbeiten oder einen Konflikt zu lösen – und zwar auch dann, wenn die Kritik begründet ist.

Wenn Sie von sich sprechen, dann sprechen Sie wirklich von sich! Wenn Sie wirklich von sich sprechen, ist der andere nicht mit im Bild. Das bedeutet nicht, dass er nicht mehr zählt, sondern vielmehr, dass er aus dem Rahmen Ihres Dramas verschwindet.

Denn wenn Sie wirklich von sich selbst sprechen, bleiben allein Sie in dem, was Sie kommunizieren. In diesem Moment sind Sie reif dafür, dem anderen zu sagen, was in Ihnen vorgeht, und dafür, dass er Ihnen zuhört.

Übung: Aufrichtiger Selbstausdruck

- Denken Sie an eine Schwierigkeit, die Sie mit jemandem haben (oder hatten):
- Beschreiben Sie die Situation:
  Wenn ich an den Moment denke, als ...
- Nennen Sie ein oder zwei Gefühle:
  ... fühle ich mich ...
- Drücken Sie ein oder zwei nicht befriedigte Bedürfnisse aus:
  ... weil ich das Bedürfnis habe (hatte), dass ...
- Nennen Sie etwas, was der andere tun könnte, um Ihre Bedürfnisse zu berücksichtigen:
  ... und bist du jetzt damit einverstanden, dass ...?

Empathie

Die Seite des ANDEREN

»Einem anderen Menschen Empathie geben heißt, sich selbst Gutes tun.«

Pascale Molho

»Empathie ist eine Art des Zuhörens und
des Präsentseins für den anderen,
für seine Gefühle und Bedürfnisse,
ohne ihn zu etwas bringen zu wollen
und ohne Erinnerung an die Vergangenheit.«

Marshall B. Rosenberg

Es gibt etwas, das Gewalt und Aggressivität in einer Beziehung entschärft: Wenn man versucht, den anderen auf der Ebene dessen zu verstehen, was am wichtigsten für ihn ist, das heißt, auf der Ebene dessen, was er empfindet **(seine Gefühle)** und was seinem Leben einen Sinn verleiht (seine Wünsche, Bestrebungen, Werte, in einem Wort: **seine Bedürfnisse**). Dementsprechend vollzieht sich während eines Konflikts etwas sehr Subtiles in jemandem, der Verständnis erfährt für seine Gefühle (was nicht bedeutet, dass man unbedingt seiner Meinung ist) und für seine Bedürfnisse (was nicht heißt, dass man sie befriedigt):

Seine Abwehrhaltung lässt nach, und allmählich wird er wieder offen für das Gespräch und die Beziehung.

Je aggressiver und gewalttätiger jemand ist, umso mehr Empathie braucht er und umso weniger Lust hat sein Gegenüber, sie ihm zukommen zu lassen!

Was in der Empathie vor allem zählt, ist die Art der Präsenz, die man anbietet. Empathisch sein heißt, den anderen als Mensch sehen und eine Art der Verbundenheit mit ihm herstellen.

Zeichen, die darauf hinweisen, dass unsere Empathie bei jemandem angekommen ist:

› **Der- oder diejenige sagt nichts mehr oder verkündet: »Ja, stimmt genau!«**
› **Eine gewisse Anspannung, die auch körperlich bei unserem Gegenüber spürbar war, ist verschwunden.**

Empathie hat nichts zu tun mit:

› **Sympathie:** **Man kann jemanden sympathisch finden und doch nicht die geringste Lust haben, ihm gegenüber Empathie zu entwickeln (ich mag meine Nachbarin, möchte mir aber deswegen nicht unbedingt ihre Sorgen und Nöte anhören). Umgekehrt kann man Empathie für jemanden empfinden, der einem nicht sympathisch ist (selbst wenn ich mich mit meinem Chef, der mich häufig unter Druck setzt, nicht gut verstehe, kann ich ihm sagen: »Haben Sie das Bedürfnis nach Gewissheit, dass die Arbeit fristgerecht erledigt wird?«)**
› **Gefälligkeit:** **Man kann Empathie empfinden, ohne mit dem Betreffenden einer Meinung zu sein oder ohne zu tun, was**

er verlangt (ich höre zwar meinem Kind mit liebevoller Zuneigung zu, wenn es nicht mehr zur Schule gehen will, erlaube aber nicht, dass es im Unterricht fehlt).

Empathie-Übung

- Rufen Sie sich ein Problem ins Gedächtnis, das Sie mit jemandem haben oder hatten:
- Beschreiben Sie die Situation:
  Wenn du an den Moment denkst, als ...
- Nennen Sie ein oder zwei Gefühle:
  ... fühlst du dich ...
- Nennen Sie ein oder zwei Bedürfnisse, von denen Sie annehmen, dass sie bei Ihrem Gesprächspartner nicht befriedigt sind:
  ... weil du das Bedürfnis hast (hattest), dass ...
- Formulieren Sie eine Bitte, die darauf abzielt, zu überprüfen, ob Sie das, was Ihr Gesprächspartner durchlebt, auch richtig verstanden haben:
  ... Trifft das zu?

Der »Giraffentanz« in der GFK

Wenn im Lauf einer Interaktion gleichzeitig und während mehrerer ausgetauschter Äußerungen Empathie und Aufrichtigkeit zum Ausdruck kommen, spricht man von einem »Giraffentanz« zweier Menschen. (Nach Marshall Rosenberg symbolisiert Wolfssprache lebensentfremdete Kommunikation und Giraffensprache lebendige, gewaltfreie Kommunikation.) Die Giraffensprache führt zu friedlichem Miteinander, gegenseitigem Respekt und Zusammenarbeit.

Sie haben die ersten Schritte unserer Reise zur GFK hinter sich gebracht. Sie sind Passagiere der bemannten GFK-Kreuzfahrt, auf der eine **»natürliche und lebendige Kommunikation«** (Michelle Guez, Frankreich) praktiziert wird.

Hier nun einige Hilfsmittel, die ihre Wirksamkeit unter Beweis gestellt haben und Sie dabei unterstützen sollen, bei etwaigen aufkommenden Stürmen in Form zu bleiben ...

Mut zum Neinsagen

Fällt es Ihnen leicht, Nein zu sagen und/oder Grenzen zu setzen? Wenn nicht, schreiben Sie hier auf, was Sie daran hindert:

Was hindert uns daran, Nein zu sagen? Hier einige Ideen:

- **Von einer unerwarteten Bitte überrascht zu werden und keine Zeit zu haben, uns selbst nach unseren Bedürfnissen zu fragen.**
- **Angst vor Konsequenzen, zum Beispiel, die Liebe eines Menschen zu verlieren oder einen Konflikt zu provozieren;**
- **Gespalten zu sein zwischen einem Bedürfnis, das uns Ja sagen, und einem, das uns Nein sagen ließe.**
- **Zu denken, dass die Bedürfnisse anderer wichtiger sind als unsere eigenen.**

Lernen, Nein zu sagen und dabei alle Beteiligten zu respektieren, ist ein wirksamer Weg zur Begegnung mit sich selbst. **All unsere falschen Jas, die unsere Bedürfnisse nicht respektieren, sind mit inneren Minenfeldern vergleichbar:** Sie haben Konsequenzen für uns und unsere Beziehungen und wirken sich auf unsere Motivation, bestimmte Dinge zu tun, aus: Schleichend führen sie zu Demotivation, Zorn, Anspannung und dem Verlust der Selbstachtung.

Umgekehrt: Wer lernt, Nein zu sagen, ohne sich in Verlegenheit bringen zu lassen oder schuldig zu fühlen, der gewinnt größeres Selbstvertrauen und mehr Macht zur persönlichen Einflussnahme.

Lernen, Nein zu sagen – die einzelnen Schritte:

1. Hören Sie die Bitte der Person an und zeigen Sie ihr durch Ihre nonverbale Haltung, dass Sie offen sind. Das verpflichtet Sie in keiner Weise zu einer bestimmten Antwort. Das, was Bittenden jedoch häufig zu schaffen macht, ist, wenn er oder sie im Blick des Gesprächspartners liest, dass dieser die Bitte als unangenehm oder eine Zumutung empfindet.
   (Sie möchte an einem Abend in der Woche ausgehen, um auf andere Gedanken zu kommen, er dagegen ist müde.)
2. Wenn Sie wissen, dass Sie normalerweise dazu neigen, Ja zu sagen, dann beginnen Sie damit, Ihre Antwort zunächst aufzuschieben.
   (Ich muss über deine Bitte nachdenken. In einer Stunde sage ich dir Bescheid.)
3. Formulieren Sie die Bitte und die Bedürfnisse der Person neu, um ihr zu zeigen, dass Sie sie voll und ganz verstanden haben. (Ich verstehe: Du willst also heute Abend ausgehen und hast das Bedürfnis, mal auf andere Gedanken zu kommen.)
4. Sagen Sie Nein und teilen Sie dabei Ihrem Gegenüber die Gefühle und Bedürfnisse mit, die Sie zu einer Ablehnung veranlassen.
   (Ich schwanke zwischen dem Wunsch, dir gefällig zu sein, und dem Bedürfnis, mich nach einer anstrengenden Woche auszuruhen. Ich habe das Bedürfnis, wieder Energie zu tanken, für heute Abend ist meine Antwort also Nein.)

5. Formulieren Sie eine Bitte, die zeigt, dass Sie die Bedürfnisse aller Beteiligten berücksichtigen und dass die Gefühle und Erfahrungen Ihres Gegenübers Sie nicht gleichgültig lassen. (Aber wenn du einverstanden bist, könnten wir heute Abend planen, wohin wir morgen Abend ausgehen wollen. Oder: Fällt dir etwas anderes ein, das wir heute unternehmen könnten und bei dem wir einplanen, dass ich müde bin?)

Anschließend setzt sich der Austausch, der »Tanz« fort, indem beide auf die jeweiligen Bedürfnisse des anderen hören.

Wenn Sie so vorgehen, wird Ihr Gegenüber vor allem von Ihrer Fähigkeit berührt, in Verbindung und in Frieden mit Ihren eigenen Bedürfnissen zu sein, während Sie sich gleichzeitig aufrichtig mit seinen Bedürfnissen und dem, was Ihr Nein in ihm auslöst, befassen.

»ICH WEISS, WAS GUT FÜR MICH IST. ICH BIN IN DER LAGE, NEIN ZU SAGEN, WENN MIR BESTIMMTE VORSCHLÄGE NICHT ZUSAGEN. ICH AKZEPTIERE AUCH, DASS MAN NEIN ZU MIR SAGT, UND FÜHLE MICH DESWEGEN NICHT VERLETZT ODER HERABGESETZT.«

Zorn ausdrücken – für uns, nicht gegen andere

»Hab keine Angst vor der Konfrontation.
Selbst wenn Planeten aufeinanderprallen,
wird aus dem Chaos ein neuer Stern geboren.«

CHARLIE CHAPLIN

Zorn ist eine wertvolle Lebensfunktion, denn er bewirkt, dass wir wach werden, und verleiht uns die nötige Antriebsintensität zum Handeln. Seine Energie sollte respektiert und mit all der Kraft, die sie enthält, eingesetzt werden – und zwar, um unseren Bedürfnissen zu dienen und nicht mit dem Ziel, andere anzugreifen.

Schafft mir mein Denken eine Hölle oder ein Paradies? Zeichnen Sie das, was Ihr Denken erschafft, wenn Sie zornig sind oder sich aufregen:

Meine Zeichnung:

Wut auf andere vermag wenig auszurichten und verbraucht viel Energie. Sie weist darauf hin, dass wir den Kontakt zu unseren Bedürfnissen verloren haben, dass wir »in unserem Kopf« sind, damit beschäftigt, zu **urteilen:**

- **Wer hat recht, wer hat unrecht?**
- **Was hätte getan werden sollen, was nicht?**
- **Wer verdient es, bestraft zu werden? Etc.**

Das Handeln eines Menschen kann unsere Wut zwar »anstacheln«, doch nie ihre Ursache sein. Sie wird von unseren Gedanken und unserer Interpretation bestimmter Situationen verursacht. Und die Wurzel unseres Zorns liegt in unseren unerfüllten Bedürfnissen.

Eines Sonntagmorgens war Stephen Covey in einer nahezu leeren U-Bahn unterwegs. Alles war ruhig, bis ein Vater mit vier Kindern sich dazusetzte. Obwohl die Kinder einen unerträglichen Lärm veranstalteten, wies der Vater sie nicht zurecht. Entnervt und ärgerlich schimpfte Stephen Covey innerlich: Unglaublich, dieser Mann gibt ja überhaupt nicht acht! Er müsste doch seinen Kindern sagen, dass sie ruhig sein sollen! Kurz darauf, gerade als er den Vater ansprechen wollte, sagte dieser: »Ich merke, dass meine Kinder stören. Bitte entschuldigen Sie, dass ich sie nicht ermahnt habe, ruhig zu sein, aber mir geht es gar nicht gut. Wir kommen gerade aus dem Krankenhaus, wo ihre Mutter gestorben ist.«
In einer Sekunde wandelte sich Stephen Coveys Zorn, der von seinen kritischen Gedanken herrührte, in Mitgefühl!

Natürlich verhält sich jemand so, wie er sich eben verhält, doch was wir daraus machen und wie wir darüber denken, kommt aus uns selbst und das macht den ganzen Unterschied aus.

**»ICH MACHE MIR BEWUSST,
DASS ICH SELBST MEINE LAUNE BESTIMMEN KANN.
DIE ANDEREN HABEN DAMIT NICHTS ZU TUN,
SIE SIND NICHT FÜR DAS VERANTWORTLICH,
WAS MIR WIDERFÄHRT.«**

Zorn ist ein »Deckel«-Gefühl, das andere verdeckt. Erkennt man nämlich die Bedürfnisse, die durch ihn zum Ausdruck kommen, dann wandelt sich der Zorn und enthüllt andere Gefühle, wie Traurigkeit, Ohnmacht oder Angst.

Hier nun ein Prozess in **sechs Schritten, um Ihren GEGEN etwas gerichteten Zorn in eine Energie umzuwandeln, die Ihrem Leben DIENT:**

1. Schweigen Sie oder verlassen Sie sogar den Ort des Geschehens, um die Dinge nicht noch schlimmer zu machen.
2. Horchen Sie in sich hinein, welche Urteile Sie über andere fällen, und schreiben Sie sie auf.
3. Suchen Sie die Bedürfnisse, die sich hinter Ihren Urteilen verbergen, und nehmen Sie sie nacheinander wahr und an. (Du bist egoistisch => Bedürfnis, dass Rücksicht auf mich genommen wird)
4. Nehmen Sie neue Gefühle wahr, die in Ihnen aufkommen.
5. Schreiben Sie auf, welche Bitte Sie an sich oder andere richten könnten, um Ihre Bedürfnisse zu befriedigen.
6. Falls nötig, suchen Sie die betreffende Person auf und teilen Sie ihr Ihre Gefühle, Ihre Bedürfnisse und gegebenenfalls Ihre Bitte mit.

Seinen Zorn voll und ganz zu äußern erfordert die Fähigkeit, sich all seine Bedürfnisse bewusst zu machen. Das erreichen Sie, indem Sie systematisch »Ich bin wütend, weil du ...« durch **»Ich bin wütend, weil ich das Bedürfnis habe, ...«** ersetzen.

Schreiben Sie mehrmals: »Ich habe das Bedürfnis, dass ...«, um den kleinen Unterschied zu verstehen, den diese Formulierung ausmacht.

____

____

____

____

____

____

____

Wenn Ihr Gesprächspartner innerlich aufgewühlt ist oder versteht, dass er schlecht gehandelt hat, wird es für ihn schwierig sein, Ihre Gefühle und Bedürfnisse zu registrieren. Bevor Sie also hoffen, dass er oder sie wahrnimmt, was Sie empfinden, ist es sinnvoll – falls Sie dazu in der Lage sind –, dass Sie eine Phase einschieben, in der Sie Empathie zeigen.

Nachdem Sie die sechs Schritte absolviert haben, kommt eine zusätzliche wichtige Überlegung hinzu: Fragen Sie sich, welche Bedürfnisse Ihr Gesprächspartner zu erfüllen versucht hat, als er sich so verhielt, wie er es tat. In der Geschichte von Stephen Covey zum Beispiel hatte der Vater wahrscheinlich das Bedürfnis, in sich zu gehen, um sich zu besinnen und neue Kraft zu schöpfen; dabei vergaß er alles andere.

Eine natürliche Ausdrucksweise

Wenn wir die Gewaltfreie Kommunikation erlernen, ist am Anfang unsere Art zu sprechen oft eingeschränkt oder sogar künstlich, was ironische und entmutigende Kommentare hervorruft, wie zum Beispiel: »Psychologisierst du etwa immer so? In letzter Zeit bist du besessen von Gefühlen! Du sprichst ja von nichts anderem mehr als deinen Bedürfnissen!«

Damit Sie diesem Problem leichter abhelfen können, rufen Sie sich ins Gedächtnis, was wesentlich ist:

› **Ihre Fähigkeit, sich selbst und andere bewusst wahrzunehmen;**
› **Ihre Absicht, sich in den anderen einzufühlen und sich aufrichtig auszudrücken.**

Vor diesem Hintergrund hier nun vielfältigere und unauffälligere Beispiele, wie Sie Ihre Gefühle und Bedürfnisse ausdrücken und die der anderen wahr- und annehmen können.

EHRLICHKEIT

› Gefühle:
Klassische Form: Ich fühle mich ...
=> Ich bin ... / Es ist ... / Das ruft in mir ... hervor,
› Bedürfnisse:
Klassische Form: Weil ich das Bedürfnis habe, dass ...

=> Ich mag es sehr, wenn / Mir ist es lieber, wenn … / Es gefällt mir, wenn … / Es lähmt mich, wenn … / Meiner Meinung nach ist es toll, wenn … / Ich mag es nicht so sehr, wenn …

EMPATHIE

- Gefühle:
  Klassische Form: Fühlen Sie sich …
  => Sind Sie … (traurig etc.)? / Verletzt es Sie, wenn …? Wird Ihnen warm ums Herz, wenn …?
- Bedürfnisse:
  Klassische Form: Weil Sie vielleicht das Bedürfnis haben, dass …
  => Sie möchten, hätten gerne, dass … / Ihr Wunsch ist also, dass … / Ihrer Ansicht nach wäre es das Beste, wenn … / Für Sie kommt es sicherlich darauf an, dass … / Du hasst es, wenn … / Es würde dir gefallen, wenn … / Es wäre cool, klasse für dich, wenn … / Es nervt dich, wenn …

Kreisen Sie die Sätze ein, die Ihnen vom sprachlichen Stil her eher vertraut sind und Sie inspirieren, oder denken Sie sich hier weitere Beispiele aus:

____

____

____

FORMULIERUNGEN, DIE AUF DAS ZURÜCKKOMMEN, WAS GERADE GESAGT WURDE:

(Das Wesentliche liegt vor allem in der Tatsache, dass der Tanz fortgesetzt wird, indem Sie dem anderen Raum zum Reagieren, zum Tanzen geben.)
Klassische Form: Fühlst du dich ..., weil du das Bedürfnis hast, dass ...? Ist es das?
=> Was denkst du über das, was ich gerade gesagt habe? / Was von dem, was ich gerade gesagt habe, spricht dich an? / Womit wärst du einverstanden? Oder nicht einverstanden? / Wie wirkt es auf dich, wenn ich dir das erzähle? / Was zählt für dich von dem, was ich gesagt habe?

Wertschätzung

Große Beziehungen durch kleine Aufmerksamkeiten!

Scheinbar belanglose Ereignisse pflanzen den Menschen ein grundlegendes Vertrauen in das Leben ein. Ein Satz, ein Lächeln können uns für das ganze Leben prägen.

Ermutigung und Wertschätzung sind Vitamine, die jeder Mensch braucht, nach denen er aber nicht zu fragen wagt.

Denken Sie an eine Aufmerksamkeit, die Ihnen jemand erwiesen hat und die Ihnen gutgetan hat. Machen Sie die folgende Übung und stellen Sie sich dabei vor, Sie würden mit der betreffenden Person sprechen.

1. Beschreiben Sie, was sie getan oder gesagt hat:
2. Sagen Sie, welche Ihrer Bedürfnisse durch diese Tat oder Worte befriedigt wurden:
3. Sagen Sie, wie Sie sich fühlen, wenn Sie an Folgendes denken:
   Als du ...
   ... hat das bei mir das (die) Bedürfnis(se) befriedigt, dass ...
   ... und wenn ich daran denke, dann fühle ich mich ...

Schenken Sie sich nun selbst ein Dankeschön. Folgen Sie dabei denselben Schritten und sehen Sie, ob Sie den Dank voll und ganz annehmen können.

Es ist nun an der Zeit, Bilanz über Ihre Reise zu ziehen: Beantworten Sie dazu die Fragen entsprechend Ihrer jetzigen Situation. Wenn Sie sehen, dass noch ein Stück Weg vor Ihnen liegt, kehren Sie zu den Kapiteln zurück, die Sie vertiefen wollen. Tadeln Sie sich deswegen nicht, sondern erinnern Sie sich an folgenden Satz:

»An jedem Fehler,
den ich mache, wachse ich!«

MICHELLE GUEZ

› Kommuniziere ich mit mir selbst, bevor ich mit meinem Gegenüber kommuniziere?
immer oft manchmal selten nie

› Bin ich fähig, mit mir in Verbindung zu bleiben, ohne den anderen zu übergehen?
immer oft manchmal selten nie

› Bin ich fähig, dem anderen zuzuhören, ohne mich selbst zu vergessen?
immer oft manchmal selten nie

› Kann ich einen kühlen Kopf behalten und dabei warmherzig bleiben?
immer oft manchmal selten nie

› Wage ich es, Nein zu sagen, ohne es mir zu verübeln?
immer oft manchmal selten nie

- › Bin ich in der Lage, Nein zu sagen und dabei die Bedürfnisse zu äußern, zu denen ich Ja sage?
  immer oft manchmal selten nie
- › Äußere ich Zorn auf konstruktive und respektvolle Weise?
  immer oft manchmal selten nie
- › Bin ich in der Lage, die Schönheit im anderen zu erkennen?
  immer oft manchmal selten nie
- › Bin ich in der Lage, die Schönheit in mir selbst zu erkennen?
  immer oft manchmal selten nie

Die Gewaltfreie Kommunikation versteht sich nicht als eine Summe von Regeln, sondern vielmehr als ein Leitfaden, der uns hilft, menschlicher zu werden. Das Wichtige in diesem Selbstcoach ist weniger die »Sprachtechnik« als vielmehr die **Absicht, uns selbst und anderen gegenüber wohlwollend zu sein,** das heißt, gleichzeitig **authentisch und einfühlend** zu sein.

»Jede Sekunde kann ein neuer Aufbruch sein, wenn du es willst. Die Entscheidung liegt bei dir.«

CHRISTIAN BOBIN

Anhang

WENN UNSERE BEDÜRFNISSE BEFRIEDIGT SIND, FÜHLEN WIR UNS …

abenteuerlustig, amüsiert, angeregt, aufgemuntert, aufgeregt, befreit, befriedigt, begeistert, bewegt, bezaubert, dankbar, draufgängerisch, dynamisch, elektrisiert, empfänglich, empfindsam, energisch, engagiert, enthusiastisch, entlastet, entschieden, entspannt, entzückt, erfreut, erholt, erleichtert, erquickt, erstaunt, exaltiert, fasziniert, frei, freudestrahlend, freudig, friedfertig, friedvoll, frisch, fröhlich, froh, gebannt, geborgen, gelassen, gelöst, genährt, gerührt, geruhsam, geschützt, glücklich, gut drauf, harmonisch, heiter, hin und weg, hingerissen, hoffnungsvoll, in Sicherheit, inspiriert, interessiert, jemandem nah, konzentriert, lebendig, leicht, leidenschaftlich, locker, mitfühlend, mitgerissen, motiviert, munter, mutig, neu belebt, neugierig, offen, optimistisch, regeneriert, ruhig, sanft, satt, schelmisch, selbstbewusst, sicher, sorglos, sprühend, stark, stimuliert, stolz, strahlend, tief berührt, trunken, überrascht, überschäumend, übersprudelnd, ungezwungen, vergnügt, voller Bewunderung, voller Liebe, vom Hocker gehauen, wach, warmherzig, weit und offen, wohlbehalten, wunschlos glücklich, zentriert, zufrieden, zugehörig, zuversichtlich.

WENN UNSERE BEDÜRFNISSE NICHT BEFRIEDIGT SIND, FÜHLEN WIR UNS ...

abgeschlagen, abgespannt, allein, am Ende, angeekelt, angeschlagen, angespannt, angstvoll, apathisch, argwöhnisch, atemlos, auf die Palme gebracht, aufgewühlt, aus dem Gleichgewicht, aus der Fassung, außer sich, bedrängt, bedrückt, bekümmert, beschämt, besorgt, betroffen, betrübt, beunruhigt, blockiert, brummig, dem Zusammenbruch nahe, deprimiert, desorientiert, distanziert, durcheinander, durstig, einsam, eisig, entfremdet, entmutigt, enttäuscht, ernüchtert, erschöpft, erschreckt, erschüttert, fassungslos, frustriert, furchtsam, gebeutelt, gekränkt, gelangweilt, genervt, gequält, gereizt, gestresst, gleichgültig, hektisch, hilflos, hin- und hergerissen, hoffnungslos, hungrig, in der Defensive, in Rage, irritiert, konfus, konsterniert, kopflos, kummervoll, leer, matt, melancholisch, misstrauisch, mitgenommen, müde, mürrisch, mutlos, nervös, niedergeschlagen, ohne Elan, ohnmächtig, peinlich berührt, perplex, pessimistisch, ratlos, resigniert, ruhelos, schläfrig, schlecht, schockiert, schwach, schwerfällig, skeptisch, terrorisiert, traurig, trübe, überanstrengt, überarbeitet, überfordert, übersättigt, überwältigt, unbefriedigt, unbehaglich, unentschieden, ungeduldig, ungläubig, unglücklich, unruhig, unsensibel, unsicher, unwohl, unzufrieden, verängstigt, verärgert, verbittert, verdattert, verdrossen, verkrampft, verlegen, verletzt, verloren, verstimmt, verstört, verunsichert, verwirrt, verzweifelt, voller Vorbehalte, wie vor den Kopf geschlagen, wirr, wütend, wutentbrannt, zerbrechlich, zermürbt, zerrissen, zögerlich, zornig, zweifelnd, zwiespältig.

WORTE, DIE UM JEDEN PREIS VERMIEDEN WERDEN SOLLTEN, WEIL SIE EINE VERSTECKTE BEWERTUNG ENTHALTEN:

abgelehnt, abgewertet, angefeindet, angegriffen, ausgebeutet, bedrängt, bedroht, beiseitegeschoben, belagert, belästigt, beleidigt, benutzt, beschmutzt, beschuldigt, besiegt, betrogen, bewertet, blöd, dominiert, dumm, durcheinander, eine Niete, eingesperrt, erbärmlich, erniedrigt, erwischt, fallen gelassen, gedemütigt, gefangen, gehasst, genötigt, gerügt, gezwungen, herabgesetzt, hereingelegt, ignoriert, in die Enge getrieben, in Verruf gebracht, inkompetent, isoliert, jämmerlich, klein gemacht, kritisiert, lächerlich gemacht, manipuliert, missbraucht, nicht akzeptiert, nicht gehört, provoziert, schäbig, schlecht behandelt, schuldig, traktiert, übers Ohr gehauen, übersehen, unerwünscht, unfähig, ungeliebt, unter Druck gesetzt, unterdrückt, unverstanden, unwichtig, unwürdig, verachtet, verfolgt, verlassen, verletzt, verleumdet, vernachlässigt, verspottet, verstoßen, wertlos, zerschmettert, zum Narren gehalten, zweitklassig.

Grundbedürfnisse

Transzendenz:
Bewusstheit, Einfachheit, Einheit, Freude, Frieden, Gelassenheit, Harmonie, das Heilige, Liebe, Loslassen, Ordnung, Schönheit, Spiritualität, Stille, Weisheit.

Feiern, Zelebrieren:
Das Leben und seine Errungenschaften, Teilen von Freude und Leid, Trauer und Verluste.

Selbstbesinnung, Spiel:
Ausgelassenheit, Bequemlichkeit, Entspannung, Erholung, Fantasie, Feiern, Freude, Gleichgewicht, Heilung, Humor, Intimität, Ruhe, Sexualität Ausdruck verleihen, Spiel, Vergnügen, Wohlbefinden.

Zwischenmenschliche Beziehungen:
Abstimmung untereinander, Akzeptanz, Anerkennung, Aufmerksamkeit, Austausch, Berührung und berührt werden, Beteiligung, Ehrlichkeit, Empathie, Freundschaft, Gegenseitigkeit, gemeinsames Kreieren, Gerechtigkeit, Gesellschaft, Gleichberechtigung, Hilfe, Intimität, Kommunikation, Kontakt, Kontinuität, Liebe, menschliche Wärme, Mitarbeit, Mitgefühl, Offenheit, Respekt, Rücksicht, Sanftmut, Selbstausdruck, Teilhabe, Toleranz, Treue, Trost, Unterstützung, Verbundenheit, Verständnis, Vertrauen, Wertschätzung, Wohlwollen, Zärtlichkeit, Zugehörigkeit, Zuhören, Zusammenarbeit, Zuverlässigkeit, Zuwendung.

Sinn:
Bewusstheit, Entwicklung, Führung, Handeln, Hoffnung, Inspiration, die Intensität des Lebens ausprobieren, Klarheit, Konsequenz,

Kreativität, Lernen, Mitwirkung, Nähe, Selbstverwirklichung, Sicherheit, Transparenz, Unterscheidungsvermögen, Verwirklichen des eigenen Potenzials, Wachstum, Weiterentwicklung, Zeit gut nutzen, Ziel(e), zum Leben beitragen.

Existenzbedürfnisse (zur Selbsterhaltung):

Atmen, Ausscheidung, Bewegung, Fortpflanzung, Gesundheit, Licht, Luft, Nahrung, Pflege, Raum, Ruhe, Schutz, Sicherheit, Stabilität, Unterkunft, Wasser.

Integrität:

Aufrichtigkeit, Authentizität, Gleichgewicht, Identität, im Einklang mit sich sein, Selbstachtung, Selbstrespekt: des eigenen Rhythmus und der eigenen Werte, Selbstvertrauen, Selbstwertgefühl, Verbundenheit mit sich selbst, Zentriertheit.

Autonomie:

Einfluss auf das eigene Leben, Einsamkeit, Freiheit, Frieden, den eigenen Rhythmus respektieren, Ruhe, Selbstbehauptung, Spontaneität, Träume selbst wählen, Unabhängigkeit, Ziele und Werte.

Anmerkung der Autorin:

Die Übungen Selbst-Empathie, aufrichtiger Selbstausdruck, Empathie und Dankbarkeit wurden von Marshall B. Rosenberg, dem Begründer der Gewaltfreien Kommunikation (GFK), entwickelt. Die Liste der Gefühle/Bedürfnisse und die Übungen zu den vier Schritten sind inspiriert von dem Unterrichtsprogramm, das Marshall B. Rosenberg für seine Intensivkurse entwickelt hat.

Anne van Stappen/
Catherine Blondiau

TEIL 2

Gewaltfreie Kommunikation mit Kindern

Kinder in ihrer Entwicklung zu begleiten und bestmöglich auf das Leben vorzubereiten, ist die schönste Aufgabe der Welt und zugleich eine echte Herausforderung für Eltern und Erzieher. Mithilfe der Gewaltfreien Kommunikation können wir Kinder auf spielerische Weise dabei unterstützen, sich selbst und andere zu verstehen und zu respektieren. Damit ist die wichtigste Voraussetzung erfüllt, um als Erwachsener ein glückliches Leben führen zu können.

Vorwort

Studien der Sozialen und affektiven Neurowissenschaften bestätigen das, was Marshall B. Rosenberg, der Begründer der Gewaltfreien Kommunikation (GFK®), intuitiv erkannt hat: Sie zeigen, dass eine einfühlsame, liebevoll zugewandte Beziehung zum Kind die Grundvoraussetzung für die optimale Entwicklung seines Gehirns ist.

Jeder Mensch träumt davon, verstanden zu werden und seine Empfindungen, Gefühle und tiefen Wünsche äußern zu können. Mithilfe der Gewaltfreien Kommunikation können wir diesen Traum für unsere Kinder wahr werden lassen.

Eltern, die Gewaltfreie Kommunikation praktizieren, verstehen ihre eigenen Gefühle besser und damit auch die der anderen. Sie kritisieren nicht mehr und wissen, wie man Konflikte regelt: nämlich indem man dem Kind hilft auszudrücken, was es fühlt und erlebt, und ihm liebevoll zuhört. Solche Eltern können Nein zu unangemessenem Verhalten sagen und gleichzeitig verstehen, was das Kind dazu gebracht hat.

Wenn ein Kind Gewaltfreie Kommunikation lernt, blüht es auf, sagt ehrlich, was in ihm vorgeht, versteht sich selbst und andere besser. Es kann auf Gewalt verzichten und hat nicht mehr das Bedürfnis, stärker als andere zu sein oder sie abzuwerten, im Gegenteil: Es verhält sich gern kooperativ und wird sogar zum Beschützer derjenigen, die Erniedrigungen ausgesetzt sind. Ein glückliches, nicht gestresstes Kind ist motiviert, will lernen, will verstehen, ist unternehmungslustig und kreativ.

Dr. Catherine Gueguen, Kinderärztin und Autorin

Eltern, Erzieher, Lehrer sein – ein Kinderspiel!?

Kinder in die Welt zu setzen, sie zu lieben, in ihrer Entwicklung zu begleiten, ihnen Grundsätze und Richtlinien zu vermitteln, die sie im Leben unterstützen – das ist für viele von uns das Schönste auf der Welt, gleichzeitig aber auch ein heikles Unterfangen.

Wir engagieren uns von ganzem Herzen, mit all unseren Überzeugungen und Hoffnungen. Dieses Engagement bereichert zwar unser Leben und verleiht ihm Sinn, doch wir merken auch, dass wir oft überfordert, gereizt und hilflos sind, weil uns die erzieherischen Methoden zur Bewältigung der Schwierigkeiten fehlen, mit denen wir konfrontiert werden.

Trotzdem wollen wir unser Bestes tun für die Kinder, die uns auf unserem Weg begleiten. Manchmal gelangen wir dabei auch an unsere Grenzen. Mal ist alles bestens, dann wieder stehen wir vor Herausforderungen, die uns ungerecht und unverständlich erscheinen, wo wir doch unseren Kindern so viel Zuwendung und Liebe entgegenbringen.

KURZUM: DAS LEBEN MIT DIESEN HERANWACHSENDEN WESEN IST ZIEMLICH AUFWÜHLEND, UND MITUNTER FEHLEN UNS DIE RESSOURCEN, UM UNSERER ROLLE ALS ELTERN ODER ERZIEHER VOLL UND GANZ GERECHT WERDEN ZU KÖNNEN.

Nicht zu vergessen, dass wir dem Nachwuchs pausenlos zu jeder Tages- und Nachtzeit zur Verfügung stehen, sodass unsere bedingungslose Geduld und Liebe mitunter arg strapaziert werden:

- *Ihre Tochter ist krank, könnten Sie sie in der Schule abholen?*
- *Heute Morgen waren meine Eltern nicht da, und ich habe kein Frühstück bekommen ...*

Unabhängig davon, in welcher familiären oder beruflichen Beziehung wir zu dem Kind stehen: Es bleibt uns überlassen, mit der betreffenden, oft dringlichen Situation fertig zu werden.

Außerdem sind wir auch mit unangebrachtem oder nervigem Verhalten konfrontiert, so sehr, dass wir bisweilen vielleicht verärgert denken: Dieses Kind testet mit voller Absicht aus, wie weit es bei mir gehen kann!

So fehlen uns manchmal die Worte oder Strategien, um unsere verschiedenen Lebensbereiche ruhig und gelassen unter einen Hut zu bringen, und wir versäumen das Wesentliche: **die menschliche Seite unserer Beziehung zu einem Kind zu genießen und auszugestalten.**

Angesichts solcher Herausforderungen ist die Gewaltfreie Kommunikation eine großartige Möglichkeit, unser Dasein als Eltern oder Lehrer leichter und schöner zu machen.

Dieser kleine Selbstcoach zeigt Ihnen Wege auf, wie Sie in Beziehungen zu Kindern und Jugendlichen maximale wohlwollende Zuwendung entwickeln können, um zum Nutzen aller für ein möglichst harmonisches Verhältnis zu sorgen. Auf diese Weise kann sich das Kind emotional und seelisch optimal entwickeln.

Die Ausführungen in diesem Buch beziehen sich auf den Umgang mit Kindern etwa im Alter bis zu zwölf Jahren.

WIR SIND WEBER, DIE DEN FADEN DES LEBENS IM HERZEN DER KINDER SCHÜTZEN UND STÄRKEN.

Die Grundbegriffe der GFK

Gewaltfreie Kommunikation ist eine Denkweise, die dazu einlädt, sich immer wieder zu fragen, was einen Menschen tief im Inneren bewegt. Das ist zum einen das, was er im betreffenden Augenblick spürt – Gefühle oder körperliche Empfindungen –, und zum anderen das, was er gerne hätte, also seine Wünsche oder **Bedürfnisse**[1]. Dadurch können wir im Bewusstsein unserer jeweiligen Wünsche mit anderen in Beziehung treten und die Wünsche aller Beteiligten respektieren.

Dieser Raum zwischenmenschlicher Bewusstheit ist unantastbar, denn das Wahrnehmen der Bedürfnisse anderer und das aufrichtige Anerkennen, dass diese Bedürfnisse ihre Berechtigung haben, sorgen für mehr Menschlichkeit, Authentizität, Sinn und Harmonie. Da dieser Raum allen Menschen gemeinsam ist, trägt er dazu bei, dass sie sich untereinander verstehen. Wir alle haben nämlich dieselben Bedürfnisse, unabhängig von Herkunft, Traditionen, Hautfarbe und Weltanschauung: z.B. nach Liebe, Spaß, Entspannung, Nahrung, Sicherheit, Hoffnung für die Zukunft, Entscheidungsfreiheit usw.

Ausgehend von dieser Bewusstheit in Bezug auf die Empfindungen und Wünsche zeigt uns die Gewaltfreie Kommunikation eine Art und Weise, wie wir uns ausdrücken und mitteilen können. Die Methode umfasst **zwei Richtungen und vier Schritte.** Sie verdeutlichen hervorragend, dass wir uns unseres gemeinsamen Menschseins bewusst sind und einen menschlichen Umgang miteinander anstreben.

»Zwei Richtungen« bezieht sich auf uns selbst und auf unser Gegenüber. Es bedeutet, manchmal entscheidet man sich – bezogen auf die eigenen Gefühle und Bedürfnisse –, **bei sich selbst** zu bleiben, in sich hineinzuhorchen und sich entsprechend mitzuteilen; manchmal wiederum beschließt man, **beim anderen** zu bleiben und auf ihn zu hören, indem man versucht, seine Gefühle und Bedürfnisse wahr- und anzunehmen.

DIE VIER SCHRITTE SIND:

1. **Neutrale Beobachtung** der Tatsachen, ohne Übertreibung, Entstellung oder Beurteilung.

2. Das **Wahrnehmen** von Gefühlen und Empfindungen. Je nach Situation werden sie entweder benannt oder nur wahrgenommen, um die Bedürfnisse zu erkennen, denen sie entspringen.

3. **Formulieren** der Bedürfnisse, die den wahrgenommenen Gefühlen und Empfindungen zugrunde liegen. Gefühle und Empfindungen fallen nämlich nicht vom Himmel. Sie gehen aus einem – befriedigten oder unbefriedigten – Bedürfnis hervor.

Beispiele

=> Ihr Kind ist erst 20 Minuten später als geplant fertig für die Schule und Sie ärgern sich, weil Ihre Bedürfnisse nach Einhaltung von Verpflichtungen und nach Pünktlichkeit unerfüllt sind.

=> Die Hemden Ihres elfjährigen Sohnes riechen nach Zigarettenrauch. Auf Ihre Nachfrage gesteht er, dass er raucht ... Sie sind beunruhigt, weil Sie das Bedürfnis haben, dafür zu sorgen, dass er gesund bleibt; aber auch beruhigt, weil Ihr Bedürfnis nach Ehrlichkeit befriedigt ist.

4. **Bitte** (vgl. dazu die sechs Kriterien auf Seite 120):
   Im ersten Beispiel könnte die Bitte so lauten: Bist du damit einverstanden, dass wir uns einen Moment Zeit nehmen, damit du mir erklären kannst, warum du dich nicht an unsere Vereinbarung gehalten hast?
   Im zweiten Beispiel: Bist du damit einverstanden, dass wir zusammen herausfinden, warum du mit deinen Freunden rauchst?
   Das erste Ziel einer Bitte liegt darin, den Akzent auf die Verbundenheit zu legen, nicht auf die Lösung.

Gib der Verbundenheit Vorrang
und die Lösung wird von selbst zu dir kommen!

MARSHALL B. ROSENBERG

Mithilfe dieser Struktur in vier Schritten klären wir die Gefühle und Wünsche aller Beteiligten, um ihnen in dem, was sie aus ihrer Sicht als wesentlich empfinden, entgegenzukommen. Daraus entsteht maximale Harmonie, denn wenn jemand mit seinen Bedürfnissen aufrichtig anerkannt wird, entspannt er sich und öffnet sich für andere.

Außerdem: Wenn wir die Bedürfnisse aller Beteiligten kennen, können wir überlegen, welche konkreten Maßnahmen in Bezug auf die jeweiligen Wünsche der Einzelnen in einer gegebenen Situation am besten und gerechtesten wären.

Eine weitere – und entsprechend unseren Wertmaßstäben grundlegende – Folge der Gewaltfreien Kommunikation ist die, dass unser Bewusstsein »wacher« wird. Das wiederholte Praktizieren der Gewaltfreien Kommunikation wirkt mit der Zeit wie **Beziehungsyoga:** Es verändert uns grundlegend, verleiht uns innere Festigkeit, macht uns authentisch und ausgeglichen, öffnet unser Herz und stärkt unsere Geduld – dadurch, dass wir uns selbst und andere besser verstehen.

Wenn uns zum Beispiel jemand »nervt«, ärgert oder enttäuscht, dann fällt es nicht immer leicht, ihn als Mensch mit Gefühlen und Bedürfnissen zu sehen. Man neigt dann naturgemäß eher zu Kritik, Vorwürfen usw. Genau in solchen Momenten ist das Praktizieren der Gewaltfreien Kommunikation zwar schwierig, aber entscheidend!

=> Still in uns hineinzuhorchen, um zu erkunden, was in uns vorgeht, und dabei herauszufinden, was wir gerne hätten, wird als **Selbstempathie** bezeichnet. Selbstempathie bringt uns zur Ruhe, klärt den Geist und verleiht uns bei Bedarf wieder neue Energie.

=> Wenn wir jemandem das Ergebnis unserer selbstempathischen Erkundung mitteilen, bezeichnet man das als **Selbstmitteilung** oder ehrliches Äußern dessen, was in uns vorgeht.

=> Wenn wir versuchen, die Erfahrungen und Sehnsüchte anderer wahrzunehmen und zu verstehen, nennt man das **Empathie.**

UM VERSCHIEDENE BEZIEHUNGSEINSTELLUNGEN SPIELERISCH ZU VERANSCHAULICHEN, WÄHLTE MARSHALL B. ROSENBERG ZWEI TIERE: DIE GIRAFFE UND DEN SCHAKAL.

Marshall B. Rosenberg wählte **die Giraffe,** weil sie von allen Landsäugetieren das größte Herz hat.

Sie ist das Symbol dafür, dass man sich in der Gewaltfreien Kommunikation ein offenes Herz bewahren möchte, besonders in Situationen, in denen man am liebsten »dicht machen« würde. Ein weiterer Grund für die Wahl der Giraffe liegt darin, dass ihr langer Hals für die Fähigkeit steht, die Dinge mit Abstand zu sehen und eine globale Perspektive einzunehmen; eine Perspektive, die man nach und nach in jeder – auch in einer komplexen – Situation beibehalten kann.

Der Schakal wiederum wurde deswegen ausgesucht, weil er gern bellt, beißt oder bei der geringsten Misslichkeit Zuflucht in seiner Höhle sucht.

Er symbolisiert bestimmte Formen der Gewalt in Beziehungen. Aus der Sicht der GFK ist Gewalt immer dann gegeben, wenn man die Verbindung zur eigenen Menschlichkeit oder zu der des anderen verliert: angefangen bei verbalen Attacken über mörderische Gemeinheiten, die wir unserem Gegenüber voller Wut entgegenschleudern, bis hin zu Schlägen oder auch einem lastenden Schweigen, in dem all die Schlechtigkeiten mitschwingen, die wir über den anderen denken ... Leider sehen so die althergebrachten Kommunikationsformen aus, die uns seit Jahrtausenden prägen.

Im 16. Jahrhundert wurden sogar Vorrichtungen erfunden, die Erwachsenen das Auspeitschen ihrer Kinder erleichterten! Ihnen auf diese Weise Schmerzen zuzufügen, so dachte man, rege sie zum Nachdenken an und ließe sie schneller heranreifen ...

Seit Jahrtausenden sind die Menschen darauf konditioniert, zu kämpfen, zu fliehen oder in Starre zu verfallen, wenn eine Situation als gefährlich eingestuft wird. Das ist tief in uns verwurzelt, durch unser Stammhirn.

Um diesen kleinen Selbstcoach noch etwas leichter und lockerer zu gestalten, haben wir beschlossen, als **Giraffenhaltung** eine Lebenseinstellung zu bezeichnen, bei der die Gewaltfreie Kommunikation bewusst, kontinuierlich und geduldig in die eigenen Beziehungen eingebracht wird.

Bevor wir konkret in die Dinge einsteigen, wollen wir uns mit zwei wesentlichen Themen der Erziehung befassen: mit dem **System Strafe – Belohnung** und mit der **erzieherischen Absicht.**

Das System Strafe – Belohnung

Es scheint leider so zu sein: Die meisten von uns sind nach einem System des Strafens und Belohnens erzogen worden und erziehen auch ihre Kinder so: Erwünschtes Verhalten wird belohnt, schlechtes Verhalten wird bestraft.

Ein Kind, das in diesem System aufwächst, passt sich tendenziell eher den Erwartungen Erwachsener an, weil es akzeptiert oder geliebt werden will, auf Belohnung aus ist oder sich vor Schelte fürchtet. Es entscheidet sich also nicht deswegen für ein positives Verhalten, weil es auf seine momentanen Empfindungen und Bedürfnisse gehört hat. So ist ein Kind im System Strafe – Belohnung vor allem deswegen nett, um Strafen zu vermeiden oder um belohnt und geliebt zu werden. Das ist schade, denn so konzentriert es sich auf das, was andere von ihm denken oder erwarten, statt sich zu fragen, welche Gefühle und Sehnsüchte es selbst hat.

Bevor wir weitergehen, ist es sinnvoll, dass wir uns über unser eigenes Verhältnis zum System von Strafe und Belohnung klar werden:

Erste Etappe: Denken Sie zurück an Ihre eigene Erziehung

Bin ich in einer Familie aufgewachsen, in der das System Strafe – Belohnung praktiziert wurde, oder habe ich es an anderen Orten erfahren?

Ja Nein

Wenn Sie »Ja« geantwortet haben, nennen Sie

=> eine Strafe, die Sie erhalten haben:

___

=> Ihre Gefühle danach:

___

=> Ihre (un)befriedigten Bedürfnisse während dieser Bestrafung:

___

=> die Spuren, die das Ganze möglicherweise in Ihnen hinterlassen hat:

___

=> Wären Sie lieber anders behandelt worden? Wenn ja, wie und warum?

___

Überlegung eines Elfjährigen:
Weißt du, Mama, Strafen und Belohnungen sind doch für Hunde! Wenn ich Brot hole und du mir dafür ein Bonbon gibst, fühle ich mich wie ein Hund. Und wenn ich mich danebenbenehme und bestraft werde, funktioniert das auch nicht, weil ich viel eher Unterstützung brauche.

Wenn Sie das System Strafe – Belohnung praktizieren, beantworten Sie die folgenden Fragen. Stützen Sie sich dabei auch auf Ihre vorhergehenden Antworten:

Unter welchen Umständen habe ich mich für diese Lösung entschieden?

____

____

Habe ich andere Wege und Methoden erforscht?

____

____

Habe ich bedacht, welche Folgen dieses Erziehungssystem kurz- und langfristig hat?

Zweite Etappe: Gehen Sie in sich, um zu einer besseren Einschätzung zu gelangen

Beschreiben Sie eine Situation, in der Sie ein Kind bestraft haben. Was haben Sie gesagt, welche Strafe haben Sie angewandt und wie hat das Kind reagiert?

Nennen Sie die unangenehmen Gefühle und unerfüllten Bedürfnisse, die Sie zu dieser Bestrafung veranlasst haben. Nehmen Sie sie mit Klarheit UND Freundlichkeit wahr und an.

Schreiben Sie die Gefühle und Bedürfnisse auf, die Sie und – sofern Sie es wissen – das Kind nach dieser Bestrafung hatten.

Ihre Erfahrungen, Gefühle und Bedürfnisse:

Die Erfahrungen, Gefühle und Bedürfnisse des Kindes:

Hat die Strafe Ihrer Einschätzung nach ihren Zweck erfüllt? Hat sich das Kind anschließend so verhalten, wie Sie wollten? Ohne Ihnen zu grollen oder sich in sich selbst zurückzuziehen?

Glauben Sie, diese Strategie war Ihren innersten Wünschen und Bestrebungen dienlich? Wenn ja, welchen?

____

____

____

Wie oft greifen Sie auf Strafen und Belohnungen zurück?

____

____

____

Kreuzen Sie die Antworten an, die auf Sie zutreffen, und ergänzen Sie sie bei Bedarf:

- Ich weiß nicht, wie ich es sonst machen soll.
- Ich setze sie ein, wenn ich dem Verhalten des Kindes hilflos gegenüberstehe, entnervt bin.
- Ich greife darauf zurück, wenn ich müde bin.
- Andere: _______________________________________

WICHTIG IST, DASS WIR UNS UNSERE VERHALTENSWEISEN BEWUSST MACHEN, OHNE UNS ZU VERURTEILEN. JEGLICHES URTEILEN VERSTÄRKT DIESE TENDENZEN IN UNS, STATT UNS DAVON ZU BEFREIEN.

Die erzieherischen Absichten der Giraffenhaltung

Selbstliebe und Selbstfürsorge

Giraffeneltern und -erzieher wissen, dass man nicht gut für andere da sein kann, wenn man nicht auch angemessen für sich selbst sorgt. Darum behandeln sie sich mit der nötigen Selbstempathie oder – falls sie dazu nicht in der Lage sind – sie bitten ihr Umfeld, für sie da zu sein. Der Zweck einer solchen fürsorglichen Einstellung gegenüber sich selbst liegt darin, auf diese Weise anderen besser liebevolle Zuwendung geben zu können.

Wie Sie sehen, ist Gewaltfreie Kommunikation leicht zu verstehen, aber komplex umzusetzen. In unserer Beziehung zu einem spontanen, energiegeladenen Kind, dem wir alles beibringen wollen, ist es noch schwieriger, sodass fortwährend automatische Reaktionen bei uns **getriggert** werden.

Deshalb ist es wesentlich, auf unseren eigenen Rhythmus zu hören und in kleinen Schritten vorzugehen, zunächst in unserer Beziehung zu uns selbst und dann zu den Kindern.

Nennen Sie nun **drei Schritte,** die Ihnen helfen könnten, **für SICH SELBST da zu sein,** und die Ihnen möglicherweise so guttun, dass sie Ihnen wiederum genügend Elan verleihen, sich bestmöglich um die Kinder um Sie herum zu kümmern. Nehmen Sie die Gefühle und Empfindungen wahr, die die Schritte jeweils in Ihnen hervorrufen, ebenso wie die Bedürfnisse, die sie befriedigen könnten.

Beispiel

Ich mache mich jede Woche auf und verbringe eine Stunde allein in der Natur.

Gefühle: Entspannung, Freude, mehr Energie

Bedürfnisse: Verbundenheit mit mir selbst und der Natur, Schönheit, Erholung

Drei Dinge, die ich von jetzt an tun will:

a. ____________________

b. ____________________

c. ____________________

Gefühle, die diese drei Handlungen hervorrufen:

a. ____________________

b. ____________________

c. ____________________

Bedürfnisse, die durch diese Handlungen befriedigt werden:

a. ____________________

b. ____________________

c. ____________________

Machen Sie sich bestimmte Zusammenhänge bewusst

KONDITIONIERUNGEN UND ÜBERZEUGUNGEN

Giraffeneltern oder -pädagogen erkunden, was ihre Erziehungsmethoden negativ und oft unbewusst beeinflusst. Sie gehen in sich und finden heraus, inwiefern Konditionierungen, ihre eigene Erziehung und ihr persönlicher Werdegang die Harmonie oder die Leichtigkeit dessen beeinträchtigen, was sie den Kindern vermitteln.

KINDHEITSWUNDEN

Unsere Wunden hinterlassen bei uns allen Spuren, die einen Einfluss darauf haben, wie wir auf unsere Umgebung reagieren. Eine Giraffenhaltung einnehmen bedeutet, sich Zeit zu nehmen, die Wunden zu heilen, vor allem mithilfe therapeutischer Unterstützung.

EIN OFFENES HERZ FÜR JEDES KIND

Eltern/Erzieher **nehmen sich die Zeit, mit dem Kind eine Herzensverbindung herzustellen, bevor sie versuchen, es zu erziehen,** weil sie ihre Rolle auf bedingungslose liebevolle Zuwendung gründen: Ich liebe dich, weil du bist, wer du bist!

FINDEN SIE BEI SICH EINE KONDITIONIERUNG/ ÜBERZEUGUNG, DIE IHRE BEZIEHUNG ZU KINDERN BEEINFLUSST UND DIE SIE IHREM EMPFINDEN NACH BESSER ABLEGEN SOLLTEN.

Beispiel

Als Kind haben Sie gelernt, es sei entscheidend, brillant in der Schule zu sein, und davon sind Sie auch heute noch überzeugt. Darum haben Sie hohe Ansprüche an die schulischen Leistungen Ihrer Kinder. Wenn es nach Ihnen ginge, dürften sie immer nur Einsen oder Zweien schreiben. Ohne diesen Glaubenssatz wäre das Familienklima jedoch entspannter. Außerdem könnten Sie sich besser auf die Kinder einstellen und deren Art, zu lernen und die Schule anzugehen, besser berücksichtigen, ohne ausschließlich auf die Ergebnisse fokussiert zu sein.

Fragen Sie sich:

Woher habe ich diese Konditionierung?

____

____

____

____

Was bewirkt sie in meiner Beziehung zu den Kindern, mit denen ich zusammen bin?

Was würde passieren, wenn ich diese Konditionierung nicht hätte?

Danken Sie der Person, die Ihre Konditionierung verursacht hat, aufrichtig für all das Wertvolle, das diese Überzeugung in Ihr Dasein gebracht hat. Schreiben Sie dann folgenden Satz auf und sprechen Sie ihn laut:

Von nun an entscheide ich mich – unbeeinflusst von meinen alten Überzeugungen und Gewohnheiten – für das, was mir für alle Beteiligten am gerechtesten und liebevollsten erscheint.

Beobachten Sie sich selbst in den nächsten Wochen, um herauszufinden, was in Ihnen abgemildert oder auf sonstige Weise geändert werden könnte. Fragen Sie sich mindestens einmal pro Woche, was Sie tun könnten, um diesen Aspekt Ihrer selbst abzuschwächen.

Beispiel
Wenn mich der Drang überkommt, meine Kinder anzuschreien, beruhige ich mich mit sechs tiefen Atemzügen.
Erwartete Gefühle: Ruhe, Entspannung, Zentrierung.
Bedürfnisse: weniger Druck, wieder mit meiner liebevollen Zugewandtheit in Kontakt sein, klar im Kopf sein.

Übung
Wählen Sie einen Aspekt Ihrer selbst, den Sie abschwächen oder ganz ablegen wollen:

____

____

____

____

Gefühle, die Sie sich erhoffen, wenn es so weit ist:

____

____

____

____

Erfüllte Bedürfnisse:

____

____

____

Was ich konkret tun kann:

____

____

____

Alle Kinder gleichberechtigt behandeln

Die Bedürfnisse eines jeden Kindes werden als gleichwertig angesehen und haben auch denselben Stellenwert wie die Bedürfnisse der Erwachsenen.

Beispiel
Wir als Eltern möchten gern Gehör finden. Es ist darum nur logisch, dass wir auch das Bedürfnis des Kindes berücksichtigen, gehört zu werden.

Das liegt zwar auf der Hand, wenn man in einer ruhigen Gemütsstimmung darüber spricht, aber in der Hitze des Gefechts ist es gar nicht mehr so leicht umzusetzen!

Giraffenerzieher messen jedem Menschen denselben Wert zu, auch wenn natürlich nicht alle Menschen gleich sind.

Vor diesem Hintergrund bemühen wir uns darum, gemeinsam eine Welt des gegenseitigen Verständnisses zu schaffen, in der alle als gleichberechtigt angesehen werden. Wir distanzieren uns von Vorstellungen wie **überlegen/unterlegen, gut/schlecht, richtig/falsch, Unrecht/Recht.** So kann jedes Kind sein volles Potenzial entfalten, im Vertrauen auf seinen Wert und darauf, dass es Liebe und Vertrauen verdient.

Je nach Konstellation kommt manchen Beteiligten eine größere Entscheidungsverantwortung zu, aber da diese Entscheidungen in dem Bewusstsein getroffen werden, dass alle Beteiligten gleichwertig sind, verursachen sie weniger Protest, Frustration, Groll usw.

Verstehen, dass wir alle Menschen sind

Es geht eher darum, die Bedürfnisse eines Kindes zu verstehen, als darum, sie stets zu erfüllen oder zuzulassen, dass das Kind wahllos alles tun darf.

Darum fragen wir uns: **Welche Bedürfnisse hat das Kind und welche habe ich?**

Zum Schutz des Kindes auf Zwang zurückgreifen

Zwang wird nur zum Schutz eingesetzt, niemals aber, um jemanden unter dem Vorwand, er habe unserer Meinung nach etwas falsch gemacht, zu bestrafen oder zu etwas zu zwingen.

Markieren Sie in der folgenden Liste die Aussagen, die Ihrer Einschätzung nach den Einsatz von Zwang zum Schutz kennzeichnen.

Bei der Giraffenhaltung wird Zwang eingesetzt, um ...

1. zu bestrafen.
2. einem Kind beizubringen, dass es etwas Falsches oder Schlechtes getan hat.

3. ein Kind daran zu hindern, sich selbst zu schaden.
4. ein Kind daran zu hindern, Schaden anzurichten.
5. ein Klima der Sicherheit zu bewahren.

Ja: Nr. 3, 4 und 5; Nein: 1 und 2

Die klare Verbindung zu den Werten der Eltern und Erzieher

Giraffenerzieher fragen sich, welche menschlichen Werte sie idealerweise verkörpern und vermitteln wollen:
Überlegen Sie, welche Werte Sie haben, und schreiben Sie sie auf. Bringen Sie die Liste an einem Ort an, wo Sie sie häufig im Blick haben. Wählen Sie Begriffe wie **Freundlichkeit, Zusammenarbeit, Vertrauen, Freude, Leichtigkeit, Verständnis, Disziplin, Geduld usw.**

Kindern die Gewaltfreie Kommunikation nahebringen – einige Methoden und Prinzipien

Spielerischer Zugang

Mit Kindern spielen nimmt ihnen die Angst, fördert die Entwicklung ihres Gehirns und ihre allgemeine Ausgeglichenheit und nährt gleichzeitig ihr Bedürfnis nach Liebe.

Auf den nächsten Seiten stellen wir Ihnen Spiele vor, die Sie dabei unterstützen, Gewaltfreie Kommunikation mit Kindern zu üben. So können Sie die Kinder allmählich dahin führen, die Gefühle und Bedürfnisse aller wahrzunehmen – angefangen bei ihren eigenen. Fragen Sie sich nach jeder Aktivität gegenseitig, was Ihnen diese Übung gebracht hat; das stärkt die Verbundenheit aller Beteiligten.

Anregung
In Finnland, dem Land, in dem die Kinder die besten Schulergebnisse weltweit erzielen, haben Schüler des Abschlussjahrgangs nachmittags nur spielerische, soziale oder kreative Aktivitäten. Also lasst uns viel spielen, erst recht mit den Jüngeren!

Auf den Rhythmus des Kindes achten

Lassen Sie das Kind die Grundbegriffe nach und nach verinnerlichen: Bei den Kleinen beginnt man damit, die Grundgefühle zu erkennen; dann kommen allmählich neue hinzu (siehe Abschnitt »Empfindungen und Gefühle« auf S. 113).

Zugang über den Körper

Der Körper ist das Tor zu dem, was in uns vorgeht. Darum müssen wir zur Beantwortung der Frage **Wie fühle ich mich?** die Aufmerksamkeit vorrangig auf den Körper richten und ihn von innen heraus spüren. Das lernt man am besten durch Übung und Wiederholung, denn nur wenige von uns sind in der Lage, alle Feinheiten ihrer körperlichen Empfindungen auf Anhieb zu erkennen.

Die folgenden Anregungen für die Praxis sollten Sie zunächst üben, wenn Sie sich nicht in einer schwierigen Lage befinden, damit sie verinnerlicht werden und im Fall einer Krisensituation leichter umsetzbar sind.

Empfindungen: Wo, was, wie?

Anspannung/Entspannung

Erkunden Sie zusammen mit dem Kind, wie sich Anspannung und Entspannung im Körper anfühlen.

Stellung

Die Übung kann im Stehen, Liegen oder Sitzen ausgeführt werden.

Übung

Die Fäuste ballen, Gesäß, Bauch und Arme anspannen. Die Anspannung fünf Sekunden halten. Dann loslassen und vollkommen entspannen, schlaff werden wie eine Stoffpuppe. Das Ganze mehrmals wiederholen. Was haben alle während der An- und Entspannung empfunden?

___

___

___

Massage

Geben Sie dem Kind eine Schulter- und Rückenmassage und fragen Sie es: Wie fühlst du dich nach dieser Massage?

___

___

___

Hat dir eine bestimmte Berührung besonders gefallen?

___

___

___

Wie ist es für dich, wenn ich mehr Druck auf deinen Körper ausübe? Oder weniger Druck?

Sonstiges:

Temperaturunterschiede

Reiben Sie Ihre Hände aneinander, bis sie warm sind. Halten Sie sie in einem Zentimeter Abstand vor das Gesicht des Kindes und fragen Sie es: Wie fühlt sich das an?

Schlagen Sie dem Kind vor, diese beiden Spiele mit seinen Freunden zu spielen.

Atmen

Imitieren Sie einen tiefen Atemzug mit einer (Giraffen-) Handpuppe: Genau wie die Puppe atmet das Kind langsam ein und lässt dann die Luft sanft durch die Nase ausströmen. Bitten Sie es, zu spüren, wie sein Bauch sich wie ein Ballon aufbläst und wieder leert.

Anschließend lassen Sie das Kind sich hinlegen. Legen Sie ihm die Puppe auf den Bauch, während es tief ein- und wieder ausatmet. Sein Bauch hebt und senkt sich; die Puppe auch.

Fragen Sie dann: Wie fühlst du dich nach dem Atmen mit der Handpuppe?

____

____

____

Basteln Sie, um das Lernen zu erleichtern, vorab mit den Kindern Handpuppen, zum Beispiel eine Giraffe mit einem ausziehbaren Hals. Dadurch wird der Prozess konkret sichtbar. Ein lang gezogener Giraffenhals zeugt von einer angemessenen Distanz zu einer Situation, und ein kurzer, zusammengestauchter Hals zeigt an, dass man kurz davor steht, negativ zu reagieren!

Material: ein langer Strumpf, Stoffreste oder Farbe für die Giraffenflecken, Kunststoffaugen zum Aufkleben.

So wird es gespielt: Das Kind zieht den fertigen Giraffenstrumpf ganz über die Hand und den Arm. Anschließend wird der Teil des Strumpfs, der normalerweise das Bein bedeckt, bis zum

Handgelenk hochgekrempelt. Im weiteren Verlauf wird der Beinteil des Strumpfs immer weiter in Richtung Ellbogen des Kindes ausgerollt – das verlängert den Hals der Giraffe und symbolisiert das Integrieren der GFK, das Wissen um die Gefühle und Bedürfnisse des Gegenübers.

Empfindungen wahrnehmen – eine Übung für alle, hier an Erwachsene gerichtet

Den Körper und seine Reaktionen zu kennen ist für uns alle wichtig, um in angespannten Situationen automatische Reaktionen zu vermeiden.

Wenn die Anspannung das nächste Mal steigt, beobachten und spüren Sie Ihre Empfindungen, wie zum Beispiel: Mein Körper zieht sich zusammen, ich atme gepresst, meine Wangen sind heiß usw. Wenn das geschieht, verlassen Sie den Raum (soweit möglich). Nehmen Sie sich Zeit, mehrmals lange auszuatmen, indem Sie die Luft durch den Mund ausströmen lassen. Die Füße stehen dabei fest auf dem Boden. Nehmen Sie mit Freundlichkeit den Teil von Ihnen wahr und an, der die Geduld verliert und lieber in einer leichteren Situation wäre.
Beobachten Sie, wie Sie sich insgesamt fühlen, nachdem Sie durchgeatmet und bewusst in sich hineingespürt haben.

Die vier Schritte üben

Beobachtung

Eine Beobachtung beschreibt einfach das, was man sieht und hört, mehr nicht! Denken Sie an eine Kamera, die Bilder und Geräusche aufnimmt.

Übung
Wandeln Sie ein Urteil um, indem Sie erst einmal eine Beobachtung machen. Schreiben Sie die Beobachtung auf und lesen Sie sie laut vor. Achten Sie bewusst auf Ihre Haltung, Ihren Tonfall, Ihren Blick usw., das wird Ihnen Hinweise darauf geben, ob Sie wirklich nur beobachten ...

Beispiel
Urteil: Du achtest nicht auf deine Kleidung!
Beobachtung: Ich sehe ein Loch in deiner Hose, das heute Morgen noch nicht da war.

Und jetzt Sie!
Ihr Urteil:

____

____

Ihre Beobachtung:

____

____

____

Beobachten üben – ein Spiel

Basteln Sie zusammen eine Kamera aus Pappe.

Bitten Sie das Kind, Ihnen von einer schwierigen Situation zu erzählen, die es tagsüber erlebt hat, und ein Urteil abzugeben, das das Erlebte zusammenfasst. Filmen Sie es beim Erzählen. Schreiben Sie das Erlebnis des Kindes und sein Urteil darüber auf. Lassen Sie dann das Kind die Kamera halten und spielen Sie die Szene – »gefilmt« vom Kind –, als würden Sie das Kind darstellen. Das Kind schaut zu und beschreibt, was es Sie tun sieht und sagen hört.

Beispiel:

Urteil: Eva war gemein!

Beobachtung: Eva wollte nicht mit mir spielen und hat weiter ihr Buch angeguckt.

Empfindungen und Gefühle

MIT EINEM KARTENSPIEL VERINNERLICHEN

Basteln Sie zusammen mit den Kindern ein Kartenspiel mit verschiedenen Gefühlen. Zeichnen Sie die Karten, malen Sie sie aus, schneiden Sie sie aus und laminieren Sie sie, damit Sie sie benutzen können, wenn sich ein Moment zum Praktizieren ergibt.

Zeichnen Sie mit Kleineren ganz einfache Karten, um sich mit den Grundgefühlen vertraut zu machen: Freude, Trauer, Angst, Wut, Ekel. Lassen Sie das Kind die Karten frei ausschmücken. Erweitern Sie dann im Lauf des Übens allmählich die Gefühlspalette.

Mit älteren Kindern können Sie eine möglichst breite Palette kreieren und dabei die Gefühle mit einbeziehen, die sie besonders ansprechen, je nach ihrer Persönlichkeit, ihrem Wesen ...

Verinnerlichen durch Zeichnen

Lassen Sie das Kind einen Körper auf ein großes Blatt Papier zeichnen. Darauf kann es dann Aufkleber anbringen, auf denen steht, welche Empfindungen es an der betreffenden Stelle seines eigenen Körpers hat. Bitten Sie es, das Gesicht einzuzeichnen, sodass der Gesichtsausdruck die momentanen Gefühle des Kindes wiedergibt. Bei dieser Übung wird es entdecken, dass es mehrere Empfindungen gleichzeitig haben kann: Schmerzen im großen Zeh, eine juckende Nase, ihm ist warm, und es fühlt sich energiegeladen.

Verinnerlichen mithilfe von Gegenständen, Stofftieren

Legen Sie Gegenstände, Tiere, Puppen usw., die Sie unter den Spielsachen Ihrer Kinder gefunden haben, in eine Kiste, die Sie vorher gemeinsam mit ihnen dekoriert haben.

Bitten Sie Ihre Kinder, jeweils einen Gegenstand aus der Schachtel auszuwählen, der ausdrückt, wie sie sich fühlen.

Machen Sie es vor:

Ich fühle mich wie eine Schildkröte: Ich bin langsam.

Ich bin wie eine Feder: Ich fühle mich leicht.

Ich fühle mich wie ein Clown: Ich bin zu Späßen aufgelegt.

Gefühle durch Musik ausdrücken

Manche Kinder können ihre Gefühle leichter durch Musik oder Lieder ausdrücken. Schlagen Sie ihnen vor, dass sie sich ein Lied aussuchen, das ihre Erfahrungen veranschaulicht. Spornen Sie sie an, es zu singen!

Bedürfnisse

Bedürfnisse sind gewissermaßen die Diamanten der Gewaltfreien Kommunikation – zum einen, weil es schon allein entlastend ist, sie einfach nur zu erkennen; zum anderen, weil wir, sobald wir sie identifiziert haben, Strategien für ihre Befriedigung finden können.

Ein Kind, das herausgefunden hat, welche Bedürfnisse es hat, wird unabhängiger und stärker. Das hilft ihm wiederum, sein Leben selbst in die Hand zu nehmen – ausgehend von seinen EIGENEN Wünschen, nicht auf der Grundlage dessen, was ein Älterer denkt, will oder befiehlt.

Es ist besser, einem Kind Hilfsmittel an die Hand zu geben, um stark und unabhängig zu werden, als es so zu erziehen, dass es seine tiefen Wünsche weder kennt noch näher zu erkunden versucht.

Zahlreiche Studien zeigen, dass Kinder, die man gelehrt hat, wie sie mit ihren eigenen Empfindungen und Wünschen in Verbindung sein können, viele Fähigkeiten besser entwickeln als andere Kinder – so zum Beispiel ihr Gedächtnis, ihre Denkfähigkeit, ihre Kreativität, ihre emotionale Ausgeglichenheit.

BEDÜRFNISSE ERKENNEN

Machen Sie mit dem Kind eine Aufstellung seiner Bedürfnisse.

Stellen Sie Objekte zusammen, die Bedürfnisse repräsentieren: **einen Ball für das Bedürfnis zu spielen; eine Puppenküche für das Bedürfnis nach Nahrung; ein Kuscheltier für das Bedürfnis nach Zärtlichkeit usw.**

Bei den Kleinsten können Sie Bedürfniskarten in ein Kuscheltier mit Bauchtasche stecken. Bitten Sie das Kind in einem gemeinsamen Moment, eine Karte aus dem Bauch des Kuscheltieres zu ziehen, die sein Bedürfnis ausdrückt. Es darf so lange Karten ziehen, bis eine seinem momentanen Bedürfnis entspricht. Das ist ein sehr wirksamer Weg, um dem Kind zu helfen, sich zu entwickeln, sich selbst kennenzulernen und den Mut zu haben, es selbst zu sein.

Beispiel

Das Kind zieht die Karte Ausruhen. Wenn es dieses Bedürfnis in dem Moment nicht hat, sagt es das und nimmt eine andere Karte. Wenn es die Karte Spielen am Abend zieht, wird es garantiert sagen: Klar, das will ich! An dieser Stelle ist es wichtig zu erkennen, dass das Kind zwar dieses Bedürfnis hat, es aber nicht unbedingt erfüllt zu werden braucht ...

Das Bewusstsein fördern, dass wir alle dieselben Bedürfnisse haben

Material: ein großes Blatt Papier und Filzstifte/Wachsmalstifte/Buntstifte.

Malen Sie gemeinsam einen Planeten mit all seinen Kontinenten und Bewohnern; tragen Sie die unzähligen bekannten Bedürfnisse von Kindern darauf ein: Liebe, Spiel, Entspannung, Freiheit, Freude, Aufmerksamkeit, Abenteuer ...

Schreiben Sie oben auf das Blatt: **Überall auf der Welt haben Menschen dieselben Bedürfnisse!**

Wiederholen Sie nun noch einmal die Übung von Seite 34 und ergänzen Sie sie mit Ihren Gefühlen und Bedürfnissen:

Beispiel

Urteil: Du achtest nicht auf deine Kleidung.

Wenn ich ein Loch in deiner Hose sehe, das heute Morgen noch nicht da war, mache ich mir Sorgen, ob du in der Schule sicher bist, und ich bin frustriert, weil ich das Bedürfnis habe, dass deine Kleidung sorgfältig behandelt wird.

Und jetzt Sie!

=> Du isst wie ein Schwein!

Beobachtung:

Gefühle:

Bedürfnisse:

=> Immer muss man dir alles zehnmal sagen!

Beobachtung:

Gefühle:

Bedürfnisse:

____

____

EIN URTEIL ÜBER SICH SELBST UMWANDELN

Beispiele

=> Ich schreie meine Kinder zu oft an.
=> Ich spiele nicht genug mit meinen Kindern ...
=> Ich bin zu gluckenhaft ...

Wenn ich sehe, dass ich ________________________

fühle ich mich ____________________________

weil ich gerne hätte, dass ________________________

EIN URTEIL ÜBER EIN KIND UMWANDELN

=> Er ist faul!

Wenn ich sehe/höre, dass ________________________

fühle ich mich ____________________________

weil ich gerne hätte, dass ________________________

Wie fühlen Sie sich nach diesen umgewandelten Formulierungen? Inwiefern macht es sich körperlich und emotional jeweils unterschiedlich bemerkbar, wenn Sie (ver)urteilen oder sich auf Ihre Gefühle und Bedürfnisse beziehen?

Bitte

Die Bitte umfasst entsprechend der Gewaltfreien Kommunikation **sechs Kriterien:** Sie ist realisierbar, positiv formuliert, konkret, bezieht eine Person ein (entweder jemand anderen oder einen selbst, je nachdem, an wen die Bitte gerichtet ist), lässt die Wahl und bezieht sich auf das Hier und Jetzt.

Die beiden letzten Punkte sind vor allem im Umgang mit Kindern und Jugendlichen ganz wesentlich.

Wenn wir eine **Bitte** äußern, überlassen wir die Entscheidung **wirklich** dem Kind; wir fordern also nicht. Das ist auf lange Sicht von Vorteil, denn ein Kind, dem das Gefühl gegeben wird, voll und ganz als eigenständiger Mensch angenommen zu werden, kann sich besser entfalten, hat mehr Selbstvertrauen und übernimmt von klein auf Verantwortung für seine Entscheidungen und die Folgen. Wenn wir dagegen dem Kind nicht die Möglichkeit geben, sich zu entscheiden, wird unsere Bitte zu einer Forderung. Hin und wieder, zum Beispiel in Notfällen, mag das zwar ein vorstellbares Szenario sein, aber langfristig ist es kontraproduktiv. Wiederholte Forderungen bedeuten nämlich, dass wir im Lauf der Jahre immer stärkeren Zwang ausüben müssen, um den gewünschten Grad an Gehorsam zu erreichen.

Außerdem: Wenn ein Kind unter Zwang **gehorcht,** können wir weder wissen, was seine Fügsamkeit motiviert, noch was es tun wird, sobald wir ihm den Rücken kehren!

Kurzum: **Um mit der Philosophie der Gewaltfreien Kommunikation in Einklang zu sein, sagen wir es klar und deutlich, wenn wir etwas fordern, und verkleiden unsere Forderung nicht als Bitte!**

Aus Sicht der GFK ist es sinnvoller, eine Bitte in Bezug auf die nähere Zukunft – also nicht auf unbestimmte Zeit – zu formulieren und diese Bitte dann in der jeweiligen Gegenwart, die sich daran anschließt, zu wiederholen. Denn wenn jemand sich an einem Tag X zu etwas verpflichtet, heißt das nicht unbedingt, dass er sich dauerhaft an seine Verpflichtung halten kann. Das gilt besonders für Kinder, weil ihr Gehirn sich noch in der Entwicklung befindet und daher sehr formbar ist. Aus diesem Grund ist es erforderlich, dass es eingegangene Verpflichtungen immer wieder – neu formuliert und neu verhandelt – hört; dadurch können viele Reibereien oder Enttäuschungen vermieden werden ... **Wandeln Sie jetzt eine Ihrer Forderungen um in eine Bitte, um die Verbundenheit zu bewahren!**

Beispiel

Geh nicht im T-Shirt nach draußen, wenn es regnet!
Wenn du ohne Anorak in den Regen gehst, mache ich mir Sorgen um deine Gesundheit, denn ich habe das Bedürfnis, dafür zu sorgen, dass du nicht krank wirst. Wäre es okay, wenn wir darüber reden, damit ich verstehe, warum du ihn nicht angezogen hast?

Nennen Sie noch einmal ...

Ihre Beobachtung: ______________________________

Ihre Gefühle: ______________________________

Ihre Bedürfnisse: ______________________________

Ihre Bitte: ______________________________

90 Prozent der Bitten sind Beziehungsbitten, bei denen der andere gebeten wird, uns etwas zu sagen, was die gegenseitige Verbundenheit und den Dialog verstärkt.

10 Prozent der Bitten betreffen eine Handlung, die auszuführen ist.

Je mehr wir die Verbundenheit bewahren – was noch vor der Erziehung oder Problemlösung kommt –, umso größer ist die Wahrscheinlichkeit, dass wir eine starke Beziehung von Mensch zu Mensch mit dem Kind entwickeln. Wir lassen zu, dass es Verantwortung übernimmt, statt sich schuldig zu fühlen, wenn es Nein sagt, oder sich zu zwingen, indem es widerwillig Ja sagt.

Spiel: Den Unterschied zwischen einem Bedürfnis und einer Bitte erkennen

Jeder liest eine Bedürfniskarte.
Nacheinander nennen die Spieler jeweils eine Strategie, wie das Bedürfnis erfüllt werden könnte.

Beispiel
Das Bedürfnis nach Spaß.
Mögliche Strategien, um es zu befriedigen: einen lustigen Film ansehen, Witze erzählen, sich gegenseitig kitzeln.

Die vier Schritte des Prozesses mit einer gezeichneten Figur

Materialien: Zeichenblatt, Filzstifte, Schere
Die Kinder zeichnen vier getrennte Körperbereiche eines Menschen und schneiden sie aus: den Kopf für die Beobachtung, das Herz für verschiedene Gefühle, den Bauch für die Bedürfnisse, die Beine und Arme für die Bitte oder die Tat.
Das Kind legt den ausgeschnittenen Kopf der Figur auf den Boden:
Was hast du gesehen und gehört?
Es legt das Herz unter den Kopf:
Wie fühlst du dich in deinem Körper und in deinem Herzen?
Es legt den Bauch unter das Herz:
Welche Bedürfnisse hast du?
Es legt die Beine und Arme an:
Was kannst du tun, worum kannst du bitten, um deine Bedürfnisse zu erfüllen?

Die vier Hauptwerkzeuge der Gewaltfreien Kommunikation

Selbstempathie oder stilles In-sich-Hineinhorchen, um Gefühle und Bedürfnisse wahrzunehmen

Basteln Sie mit Kindern eine Selbstempathie-Karte

Selbstempathie

Wenn ich sehe/höre, dass ... ______________________________

____

fühle ich mich ... ____

____

weil ich das Bedürfnis habe, dass ... ________________________

____

Darum bitte ich mich selbst, dass ... ________________________

____

In dringlichen Situationen haben wir vielleicht nicht immer die Zeit bzw. sind nicht immer in der Lage, die vier Schritte in die Tat umzusetzen. Für solche Fälle hier eine Notfall-Mini-Empathie-Übung: **Innehalten – atmen – Ihre Gefühle wahr- und annehmen.** So können Sie zumindest dafür sorgen, dass unangenehme Gefühle sich legen.

Üben Sie in einer schwierigen Situation, sich mithilfe der folgenden Schritte schnell zu entspannen:

› **Atmen und beobachten;**
› **Empfindungen und Gefühle wahrnehmen.**
› **Und sobald Sie mehr Zeit haben, suchen Sie**
› **Ihre Bedürfnisse;**
› **Ihre Bitte an sich selbst (was auch mit einschließen kann, dass Sie andere um etwas bitten).**

Durch die Spiegelneuronen[2] im Gehirn lernen Kinder viel durch Nachahmung. So tragen Eltern/Erzieher, die mit ihren Emotionen angemessen umgehen und in schwierigen Situationen friedlich bleiben, dazu bei, dass das Gehirn Heranwachsender sich in dieselbe Richtung aufbauen kann: Ein Kind, das sieht, wie ein Erwachsener sich beruhigt, entdeckt nach und nach, wie es sich auch selbst beruhigen kann.

Selbstmitteilung oder freundlicher Selbstausdruck

DER ERSTE – ENTSCHEIDENDE – SCHRITT, BESTEHT DARIN, SICH IM EIGENEN KÖRPER ZU VERANKERN, BEVOR MAN SICH ÄUSSERT.

Mithilfe der **Berghaltung** können wir zum Körper und zum Atem zurückkehren, bevor wir etwas sagen.

Aufrecht stehend, die Füße leicht auseinander, spüren alle Beteiligten ihre Beine, das Becken, den Rücken, die Wirbelsäule, den Kopf und die Arme. Die Füße sind die Basis des Berges, der Kopf ist der Gipfel. Jeder spürt, wie die Füße mit dem Boden in Kontakt sind, und stellt sich vor, dass sie den Fuß des Berges bilden, fest im Boden verankert.

Unsere Wirbelsäule und unser Kopf erheben sich zum Himmel. Wir schließen die Augen, wir sind wie ein Berg.

Wie fühlen Sie sich in dieser Position?

Erstellen Sie mit den Kindern eine Spielkarte zur Selbstmitteilung

- **Wenn ich sehe/höre, dass ...,**
- **fühle ich mich ...,**
- **denn ich habe das Bedürfnis, dass ...**
- **Wärst du damit einverstanden, dass ...?**

Fertigen Sie mit dem Kind einen Schutzschild[3] an, um ihm zu helfen, seine Fähigkeit zur Selbstmitteilung und Selbstbehauptung zu entwickeln.

Wenn ein Kind mit einem anderen Kind zu tun hat, das sich als Schakal ausdrückt, lässt es sich dadurch vielleicht einschüchtern oder entmutigen.

In einem solchen Fall ist es wichtig, ihm beizubringen, wie es den Urteilen anderer und sonstigen »Pfeilen« Einhalt gebieten kann.

Dazu können Sie mit dem Kind einen Schutzschild aus Pappe herstellen.

Hinter seinem Schild atmet das Kind tief durch, spürt, was in seinem Körper und Herzen vor sich geht, und hindert die Urteile daran, es zu verletzen.

Üben Sie das mit ihm, indem Sie verschiedene Situationen durchspielen. Das Kind hält seinen Schild, und Sie sagen etwas zu ihm, das es nicht gerne hört.

Es hebt seinen Schutzschild und sagt: **STOPP!**

Anschließend helfen Sie ihm, seine unangenehmen Gefühle und unerfüllten Bedürfnisse in Worte zu fassen.

Dieses Spiel, bei dem in einer ungefährlichen Situation simuliert wird, wie man in einer realen Situation mit Herausforderungen umgehen kann, hilft dem Kind, seine Fähigkeit zur Selbstmitteilung und Selbstbehauptung zu stärken, während es sich sicher fühlt.

Empathie

Empathisch sein bedeutet, zuzuhören und zu versuchen, die Gefühle und Bedürfnisse des Gegenübers zu verstehen und anzunehmen. Empathie baut sich schon auf, bevor überhaupt ein Wort gesprochen wird. Entscheidend ist, dass der Person ein wohlwollender (oder zumindest neutraler!) Raum geboten wird, damit sie sich angenommen fühlt. Anschließend zeigen ihr unsere Worte, dass wir ihr zugehört und sie verstanden haben. Diese Worte lauten in der Regel so oder so ähnlich wie: **Fühlst du dich ..., weil du möchtest/gerne hättest, dass ...? Ist es das?**

Bevor wir die Empathie weiter erkunden, wollen wir uns ein wenig mit den wissenschaftlichen Zusammenhängen beschäftigen.

Schon seit Langem ist bekannt, dass man weder zuhören noch lernen kann, wenn man vor Angst geistig wie gelähmt ist. In den letzten 25 Jahren haben etliche Wissenschaftler[4] gezeigt, dass es für den Aufbau des Gehirns von Kindern und Jugendlichen und für die Entwicklung ihres emotionalen Gleichgewichts unerlässlich ist, dass Eltern und Erzieher liebevoll zugewandt für sie da sind – es ist also entscheidend für den Frieden unseres Planeten und die Zukunft unserer Kinder!

Alles, was ein Kind in Stress versetzt, belastet die Entwicklung seines Gehirns, und zwar insbesondere wegen der Ausschüttung von Stresshormonen (Cortisol, Adrenalin). Eine anhaltende Ausschüttung dieser beiden Hormone wirkt sich negativ auf die Produktion des Wachstumsfaktors BDNF (Brain-derived

Neurotrophic Factor) aus; sie zerstört Neuronen in verschiedenen Gehirnbereichen oder verhindert, dass sie sich vermehren. Dadurch werden das Wachstum und die Entwicklung verschiedener Teile des Gehirns gestört; so zum Beispiel die Entwicklung des orbitofrontalen Kortex (einer Struktur, die eine entscheidende Rolle für das Treffen von Entscheidungen, das Regulieren von Emotionen, die Herausbildung des moralischen und ethischen Empfindens und für die Fähigkeit zu Zuneigung und Empathie spielt). Gestört werden auch die Entwicklung des Hippocampus (Zentrum des bewussten Gedächtnisses und des Lernens), des Corpus callosum usw.

NACH DR. CATHERINE GUEGUEN

Im Gegensatz dazu erleichtert alles, was ein einfühlsames, friedliches Klima schafft, eine optimale Entwicklung der Gehirnschaltkreise des Kindes (und seiner emotionalen und intellektuellen Fähigkeiten) und ermöglicht allen langfristig eine enorme Zeitersparnis, während gleichzeitig Frieden entsteht.

BASTELN SIE MIT KINDERN AUF DER GRUNDLAGE DIESER INFORMATIONEN EINE EMPATHIE-SPIELKARTE.

**DIE RICHTIGE DISTANZ UND HALTUNG,
EIN ANGEMESSENER BLICK UND TONFALL – ALL DAS
IST WESENTLICH FÜR DIE EMPATHIE!**

Erkunden Sie die diversen Elemente des Hinhörens, wie wir alle sie uns im Umgang mit anderen wünschen würden:

Der andere

Wenn du siehst/hörst, dass ____________________________

____

fühlst du dann, dass ____________________________

____

weil du das Bedürfnis hast, dass____________________________

____

Ist es so?____________________________________

____

DIE RICHTIGE NÄHE

Fragen Sie das Kind, welchen Abstand es als richtig empfindet, wann es sich am wohlsten fühlt. Es ist eine Kunst, sich fein auf seine Bedürfnisse einzustellen. Wir alle haben unsere Vorlieben: Manchmal lassen wir uns gern umarmen, manchmal ist uns Distanz lieber.

DIE HALTUNG UND DER BLICK

Wie setzen oder stellen wir uns richtig hin, um unserem Gegenüber gut zuhören zu können?
Probieren Sie verschiedene Positionen und Blicke aus und sagen Sie, wie Sie sich jeweils dabei fühlen.

Beispiel
Die Person sitzt uns gegenüber, seitlich von uns, etwas seitlich von uns, sie blickt uns an, schaut auf ihr Tablet, macht große Augen ...

Welche Gefühle kommen dabei jeweils in uns auf?

Viele Kinder sind durch einen verächtlichen Blick, streng blickende Augen, eine Achtung gebietende Haltung usw. wie gelähmt, vor Furcht und Schrecken erstarrt.

Tonfall und Aufmerksamkeit
Wie fühlen wir uns je nach dem Tonfall und der Aufmerksamkeit unseres Gegenübers?

Die Person ...
- spricht in schroffem Ton;
- redet zur selben Zeit wie wir;
- will recht haben;
- spricht sanft;
- gibt uns einen Rat;
- lässt zu, dass wir uns äußern;
- will uns überzeugen;
- sagt uns, was sie von dem, was wir gerade gesagt haben, verstanden hat.
- Sonstiges:

Kreuzen Sie die Verhaltensweisen an, die Ihnen gefallen!

EMPATHIE-ÜBUNGEN

Spielen Sie Streitszenen, die das Kind erlebt hat, noch einmal mit ihm durch. Lassen Sie es erzählen und schenken Sie ihm mit der Giraffenhandpuppe Empathie. Variieren Sie dabei Ihre Haltung und Ihren Tonfall; drücken Sie Empathie manchmal mit Worten und dann wieder im Schweigen aus, einfach durch Ihre aufmerksame Präsenz.

Fragen Sie das Kind, was ihm am besten gefallen hat: welche Worte oder Haltung, welcher Tonfall, welcher Blick ...

Kehren Sie dann die Rollen um: Nun ist das Kind an der Reihe zu üben, wie es Ihnen Empathie zeigen kann, sei es schweigend oder mit Worten. Wählen Sie diesmal aber eine **fiktive** Situation, denn Eltern/Erzieher sollten ein Kind nicht mit ihren realen Problemen belasten.

EMPATHIE HAT NICHTS MIT LAISSER-FAIRE ZU TUN!

Einer der wichtigsten Wegbereiter der sozialen und affektiven Neurowissenschaften, der US-amerikanische Psychologe Allan N. Schore, hat gezeigt, dass die Entwicklung des orbitofrontalen Kortex eines Kindes stark von der Empathie und Unterstützung seines Umfelds abhängt: Ist das Umfeld freundlich zugewandt, kann das Kind sein moralisches Empfinden wie auch seine Fähigkeiten, zu lieben, Gefühle zu regulieren, Entscheidungen zu treffen und Empathie zu zeigen, besser entfalten.
Erhält ein Kind unter sieben Jahren dagegen keine Zuwendung und bringt man ihm nicht das nötige Verständnis für seine Gefühle entgegen, wird es tendenziell zu Depressionen, Aggressivität und Angst neigen und Schwierigkeiten haben, stabile emotionale Bindungen einzugehen.

NACH DR. CATHERINE GUEGUEN

Dankbarkeit

Anerkennung ist das Wachstumsvitamin von Kindern und Jugendlichen.

Dankbarkeit heißt, uns über eine Geste, eine Handlung, die uns gutgetan hat, zu freuen und begeistert zu sein – und es auch zu zeigen!

BASTELN SIE MIT DEN KINDERN EINE DANK-SPIELKARTE

Beispiel
Dass du den Tisch gedeckt hast, hat mir sehr geholfen;
ich konnte mich dadurch nach der Arbeit besser ausruhen.
Ich freue mich darüber und fühle mich entlastet.

Schreiben Sie pro Kind jeweils drei »Danksagungen« für positive Dinge, die es getan hat.
Danke!
Als du ..., ____

hat das mein Bedürfnis gestillt, zu ... ______________________

Und wenn ich noch einmal darüber nachdenke, fühle ich mich ...

____

Nehmen Sie sich die Zeit, jede Tat und jedes Dankeschön voll auszukosten.

DANKBARKEIT IM FAMILIENKREIS ODER MIT SCHÜLERN BEKUNDEN

Verwenden Sie die Gefühls- und Bedürfniskarten, die Sie zusammen gebastelt haben.

Kommen Sie einmal wöchentlich – bei Schwierigkeiten häufiger – in der Familie oder in der Klasse zusammen. Alle danken entweder sich selbst oder anderen und nehmen dabei die Karten zu Hilfe, die ihren angenehmen Gefühlen und erfüllten Bedürfnissen entsprechen.

Vereinbaren Sie vorher die Modalitäten – Sprechzeit, Zahl der Dankesbekundungen – und die Ausdrucksformen: mit Worten, einem Lied, einer Zeichnung ...

Die Person, der gedankt wird, nimmt sich Zeit, es wirklich auszukosten, mit Körper, Geist und Seele.

VARIANTEN

Collage

Material: ein großer Bogen Pappe, Zeitschriften, Fotos, Kleber. Während einer Dankesrunde in der Familie oder Schule illustrieren alle Beteiligten ihren Dank, indem sie ihre Dankesworte auf die Pappe schreiben und Fotos und/oder Bilder darauf kleben. Anschließend hängen Sie das Ganze an die Wand. Es zu betrachten stärkt das Selbstwertgefühl der Einzelnen und ermöglicht ihnen, die schöne Erfahrung noch einmal zu genießen.

Einmachglas

Kreieren Sie gemeinsam ein Dank-Weckglas. Jeder schreibt ein Dankeschön auf ein Blatt Papier und nennt seine Gefühle und erfüllten Bedürfnisse (die Kleinen fertigen eine Zeichnung an). Anschließend wird das Blatt in ein Einmachglas gesteckt. Gemeinsam pickt man hin und wieder einen Dankbarkeitszettel heraus, der laut vorgelesen wird. Das ist sehr hilfreich vor einem heiklen Gespräch oder wenn man einen Konflikt lösen möchte.

Vorschläge und Empfehlungen für eine stärkere Giraffenkultur

Schaffen Sie einen Ort der Verbundenheit

Richten Sie eine Giraffenecke ein: einen Ort, an dem man zusammenkommt, um zuzuhören und sich mitzuteilen. Legen Sie das gemeinsam mit den Kindern erstellte GFK-Material dort aus. Bestimmen Sie einen Sitzplatz zum Zuhören und einen, um sich mitzuteilen, an dem sich das Kind mit dem, was es zu sagen hat, sicher fühlt, weil es weiß, dass Sie mit einer Giraffeneinstellung im Zuhörersessel sitzen. Es merkt, dass Sie, während es sich Ihnen anvertraut, nicht gleichzeitig einem anderen Kind zuhören, Kartoffeln schälen oder auf Ihrem Handy herumdaddeln …

Planen Sie Zeiten der Achtsamkeit für Ihre Kinder ein

TANZEN SIE DIE GEWALTFREIE KOMMUNIKATION

Üben Sie tageweise – je nach gemeinsamer Übereinkunft – im Wechsel Selbstmitteilung und Empathie. Sie werden feststellen, dass Selbstmitteilung, ebenso wie Empathie, menschliche Verbundenheit zwischen den Beteiligten schafft – dann nämlich, wenn sie geäußert wird, um einfach ein Bedürfnis auszudrücken, also ohne Erwartungen an den anderen und ohne den Gedanken, »Er/sie sollte …«.

Klare Verhaltensregeln für alle schaffen

Statt auf Gehorsam, der dem Kind unter Androhung von Strafe aufgezwungen wird, basiert das Zusammenleben entsprechend der GFK auf der Zusammenarbeit zweier gleichwertiger Menschen. Dafür legen Sie gemeinsam Ihre Regeln fest.

Wenn Sie es für nötig halten, eine Grenze zu setzen, dann tun Sie es ausgehend von dem, was Sie gerne hätten (Ihre Wünsche), und nicht, indem Sie von Dogmen oder vorgefertigten Vorstellungen ausgehen.

Beispiele

Wenn du dich weigerst zu lernen, mache ich mir Sorgen, weil ich mir wünsche, dass du für dein künftiges Leben gerüstet bist.
Und nicht: Lernen muss man, so ist das nun mal, basta!

Wenn du mit jemandem raufst, der kleiner ist als du, ärgert mich das, weil ich sicher sein möchte, dass ich dir beigebracht habe, andere zu respektieren.
Und nicht: Es ist falsch, sich zu prügeln!

Für den Fall, dass Sie sich doch fürs Strafen entscheiden:

› **Beachten Sie bitte die folgenden drei R: Tun Sie es respektvoll, rational und in angemessener Relation zur Tat, um die drei anderen R zu vermeiden: Rache, Rückzug, Ressentiments.**
  Wir sollten uns nicht wie die Lehrerin verhalten, die einen Zwölfjährigen schlägt, weil er gerade einen Achtjährigen misshandelt hat. Die Lehrerin schlägt und lässt dann – ohne zu merken, wie absurd ihre Äußerung ist – mit den Worten von ihm ab: Das wird dich lehren, keine Kleineren zu schlagen!
› **Machen Sie dem Kind klar, dass es sich auf Ihre bedingungslose Zuneigung verlassen kann.**
  Ich mag/liebe dich einfach deswegen, weil du du bist: mit deinem Schwätzen im Unterricht, deiner Fünf in Mathe, deinem chaotischen Zimmer ...

Generell ist es wichtig, Kinder immer wieder daran zu erinnern, dass sie wertvoll sind, ebenso wie an die Liebe und Wertschätzung, die wir für sie empfinden. Das ist zwar schon in friedlichen Momenten wichtig, doch wenn wir uns über ihr Verhalten ärgern, ist es entscheidend! Es bewahrt unsere feste Bindung zu ihnen, hilft ihnen aber gleichzeitig, sich weiterzuentwickeln, weil sie das Vertrauen in sich selbst nicht verlieren.

Beschreiben Sie hier, wie Sie, je nach Situation, Ihre Liebe/ Zuneigung gegenüber dem Kind zum Ausdruck bringen würden. Vielleicht hilft es Ihnen, wenn Sie sich überlegen, was Sie selbst in Ihrer Kindheit und Jugend gern gehört hätten.

____

____

____

____

____

____

DENKEN SIE DARAN, DASS DIE GEWALTFREIE KOMMUNIKATION NICHT UNBEDINGT ÜBERALL HOCH IM KURS STEHT!

Wenn Sie die GFK in Ihrer Klasse oder in der Familie einführen, berücksichtigen Sie bitte, dass sie nicht überall, wo die Kinder sich regelmäßig aufhalten, praktiziert wird und dass das für die Kinder unangenehm sein kann – sie werden sich dann lieber an Orten aufhalten wollen, an denen ein verständnisvolles Gespräch Vorrang hat vor Bestrafungen. Erklären Sie ihnen, dass der Lebensstil von Mensch zu Mensch variiert und dass manche nur die Schakalsprache beherrschen. Üben Sie mit dem Kind, sich seinen Schutzschild vorzustellen und sich von dem, was über es gesagt wird, nicht beeinflussen zu lassen; seine Gefühle und

Bedürfnisse zu erkennen und den Mut zu haben, Stellung zu beziehen: **Nein, ich bin nicht einverstanden, denn ich habe das Bedürfnis, ...**

Helfen Sie ihm anschließend, die Urteile anderer in Gefühle/Bedürfnisse zu übersetzen.

Seien Sie konsequent in der Praxis der GFK

Wenn wir unsere Sprechweise und unser Verhalten in Beziehungen zu anderen ändern, sind unsere Angehörigen, Freunde und Kollegen möglicherweise überrascht und verspotten uns vielleicht sogar: **Komisch, du sprichst gar nicht mehr so wie sonst ...** Das ist manchmal schwer zu ertragen, denn einerseits brauchen wir Ermutigung für unser Bemühen um Freundlichkeit, und andererseits ist unser Umfeld nicht unbedingt von der Aufrichtigkeit unserer Absicht oder der transformierenden Kraft der Gewaltfreien Kommunikation überzeugt. Denken Sie daran: Aggression oder Zynismus sind Anzeichen dafür, dass jemand sich unwohl fühlt, unsicher oder überfordert ist.

Fallstricke vermeiden – Strategien zur Unterstützung Ihrer Praxis

1) Erinnern Sie sich: Die Absicht, sich liebevoll zugewandt zu verhalten, ist wichtiger als Worte! Wenn also das Klima in der Umgebung eher schakalisch ist, ändern Sie Ihre gewohnte

Sprechweise vorerst nicht. Üben Sie den Prozess stattdessen eine Zeit lang innerlich.

DIE LIEBEVOLLE ZUWENDUNG DER GFK VERANKERT SICH IN MEINEM HERZEN, NOCH BEVOR ICH ETWAS SAGE.

2) Wenn möglich, üben Sie die vier Schritte zunächst formal. So haben Sie ein sprachliches Gerüst, das Ihnen das Lernen erleichtert. Es ist jedoch nur ein vorübergehendes Hilfsmittel, keine festgefügte Sprechweise, die man lebenslang verwenden kann! Sobald Sie sich auf diese Weise flüssig äußern können, drücken Sie sich als **unsichtbare Giraffe** aus: Vermeiden Sie die Formulierung **Fühlst du dich ... weil du das Bedürfnis hast, ...** und verwenden Sie stattdessen lieber Sätze wie: **Bist du ..., weil es dir lieber wäre, wenn ...**

3) Falls Sie beim Erlernen der GFK das Bedürfnis nach Unterstützung haben, suchen Sie auch außerhalb Ihres gewohnten Lebensumfelds: Gründen Sie eine **Giraffen**-Praxisgruppe, bitten Sie nötigenfalls einen Freund, Ihnen zuzuhören ...

Einige Eltern- oder Lehrerfragen

Wie bleibt man gelassen mit einem Kind, das unruhig ist oder nicht gehorchen will?

Es ist ganz entscheidend, mit Kindern ein Klima des Vertrauens herzustellen, das sie allmählich dazu bringt, zu SAGEN, wie sie sich fühlen, statt ihre Gefühle AUSZUAGIEREN.

Auch wenn ein Kind nicht gehorchen will, denken Sie daran: Es ist auch nur ein Mensch mit unangenehmen Gefühlen und unbefriedigten Bedürfnissen; und das Ziel der Gewaltfreien Kommunikation liegt darin, Verbundenheit und Harmonie zu fördern. Um dieses Ziel zu erreichen, steht uns ein Werkzeugkasten mit vier Arbeitsgeräten zur Verfügung:

1) **Selbstempathie:** Um nicht spontan aus der Aufregung heraus zu reagieren, machen Sie eine Pause, atmen Sie durch und erspüren Sie Ihre Gefühle und Bedürfnisse.
2) **Selbstmitteilung:** Teilen Sie sich mit, sprechen Sie für Ihre Bedürfnisse und nicht gegen eine andere Person.
3) **Empathie:** Nehmen Sie wahr, was Ihr Gegenüber fühlt, und versuchen Sie seine Bedürfnisse zu erahnen.
   Sie werden feststellen, dass Ihre Empathie auf Sie selbst genauso besänftigend wirkt wie auf die Person, die sie empfängt! Allerdings könnte Ihre Empathie manchmal zunächst

den Eindruck erwecken, sie verschlimmere die Situation. Ist das der Fall, dann liegt es daran, dass das Kind einen ganzen **Sack voller Verzweiflung zu leeren** hat und nun – dank Ihres Zuhörens – damit anfängt.

Hören Sie daher, wenn möglich, Schicht für Schicht auf den Schmerz, der hervorsprudelt. Denn wenn das Kind bis zum Grund gelangt, ohne dass das, was es sagt, in Abrede gestellt oder es gerügt wird, kann es sich allmählich wieder beruhigen.

Die affektiven Neurowissenschaften zeigen: Wenn ein Erwachsener ruhig bleibt und ein Kind besänftigt, tut das allen gut: dem Erwachsenen, dem betroffenen Kind und den anderen Kindern in seiner Umgebung.

4) **Positive Wertschätzung:** Wenn Sie die Schönheit im anderen sehen, wird sie größer.

Wie geht man mit einem Kind um, das lügt?

Wenn wir denken, **dieses Kind ist ein Lügner,** machen wir uns ein **Feindbild** von ihm, wir verurteilen es und verlieren die Geduld mit ihm. Das Kind wird es merken und sich sagen, dass es **schlecht gehandelt** hat. Es läuft dann Gefahr, dass sich dieses Verhalten noch verstärkt und es sich darin verstrickt (erinnern Sie sich daran, wie es ist, wenn Sie selbst lügen ...). Deshalb – und das ist gar nicht so leicht – ist es wichtig, dass Sie sich bemühen, das **Schöne** in dem Kind zu sehen. Schönheit – das sind die Gefühle und

Bedürfnisse, die es dazu bringen, sich so zu verhalten. Ein Kind, **das lügt,** empfindet oft Angst und hat das Bedürfnis, sich vor bestimmten Konsequenzen zu schützen ... Wenn wir uns bewusst machen, wie schnell wir (ver)urteilen, und das Urteilen stoppen, indem wir uns mit den Gefühlen/Bedürfnissen des Kindes verbinden, dann verändert das bereits die Atmosphäre, **selbst wenn wir kein Wort sagen.**

Marshall B. Rosenberg stellte fest: **Es gibt keinen Lügner, sondern nur einen Menschen mit Gefühlen und Bedürfnissen!**

Was tun, wenn ein Kind nicht spricht?

Nicht sprechen ist auch eine Form der Kommunikation. Überhaupt nicht zu kommunizieren ist gar nicht möglich. Ein Kind, das nicht spricht, hat Gefühle und Bedürfnisse, schafft es aber nicht, sie auszudrücken. Vielleicht hat es das Bedürfnis, sich zu schützen, Vertrauen zu haben, sich selbst kennenzulernen oder die richtigen Worte zu finden?

Die Gefühle und Bedürfnisse laut zu benennen, die das Kind unserem Eindruck nach hat, kann dem Kind helfen, sich zu erkennen und zu öffnen, solange das Benennen in Form von Fragen und nicht in Form von Behauptungen geschieht: **Fühlst du dich ..., bist du ...?**

Manche Lehrer bieten den Kindern an, ihre innere »Wetterlage« herauszufinden: Die Schüler ziehen Gefühls- und Bedürfniskarten, um zu sagen, was in ihnen vorgeht, und sich bewusst zu machen, welche Gefühle und Stimmungen die anderen Kinder haben. Manchmal gefällt den Kindern diese Praxis so sehr, dass sie sie den Lehrern selbst vorschlagen, wenn sich Schwierigkeiten ergeben.

Was tun, wenn ein Kind laut ist und stört?

Idealerweise sollte ein Kind nie ausgegrenzt oder ausgesperrt werden. Legen Sie darum, wenn möglich, einen Ort oder bestimmte Zeiten fürs Herumtoben und Dampfablassen fest, damit es sich nicht ausgeschlossen fühlt.

Falls Sie sich doch entscheiden, ein unruhiges Kind abzusondern, erklären Sie ihm, dass dies geschieht, um die Ruhe im Raum aufrechtzuerhalten, und nicht, um es zu bestrafen. Schenken Sie ihm, wenn möglich, Empathie, bevor Sie sich mitteilen und ihm gegenüber behaupten: **Ich verstehe dein Bedürfnis, dich abzureagieren; der Unterricht ist lang, und du hast genug! Aber weißt du, ich brauche Ruhe, um zu unterrichten.**

Zum Schluss

Wir beenden diesen kleinen Selbstcoach mit unseren drei Credos – mögen sie Ihr Engagement für die Giraffenhaltung dauerhaft inspirieren!

1. *Die Fürsorge für andere entspringt der Selbstfürsorge.*

2. *Wenn wir das Kind dahin führen, dass es seine Gefühle wahr- und annimmt und herausfindet, was es gerne hätte, kann es dadurch zum Hauptakteur seines Lebens werden.*

3. *Wenn wir eine schönere, bessere Welt schaffen wollen, tun wir das am besten, indem wir Kindern helfen, mit ihren Gefühlen und ihren Lebensimpulsen in Verbindung zu bleiben.*

Eine Auflistung der Gefühle, die wir haben, wenn unsere Bedürfnisse befriedigt oder nicht befriedigt sind oder Begriffe, die vermieden werden sollten, finden Sie auf den Seiten 70 bis 72.

Und hier noch einige Grundbedürfnisse, die wir alle haben:

Subsistenz (Selbsterhalt):
Atmen, Trinken, Essen ...
Sicherheit:
Emotionale und materielle, Halt und Geborgenheit, Unterstützung, Fürsorge ...
Freiheit:
Autonomie, Unabhängigkeit, Spontaneität, Wahlfreiheit in Bezug auf die eigenen Träume, Werte, Ziele ...
Hobbys:
Spaß, Spiel ...
Identität:
Einklang mit den eigenen Werten, Selbstbehauptung, Zugehörigkeit, Authentizität, Selbstvertrauen, sich selbst und andere respektieren und achten, Weiterentwicklung, Integrität ...
Teilhabe/Partizipation:
Zusammenarbeit, Verständigung, Co-Creation, Verbundenheit, sich äußern, wechselseitige Beziehungen, zum Wohlbefinden und zur Entfaltung anderer und seiner selbst, des Lebens beitragen ...
Beziehungen: Akzeptanz, Zugehörigkeit, Aufmerksamkeit, Gemeinschaft, Gesellschaft, menschliche Wärme, Ehrlichkeit, Auf-

richtigkeit, Respekt, Zärtlichkeit, Vertrauen, Kommunikation, Harmonie, Trost ...

Selbstverwirklichung:

Selbstausdruck, Entwicklung, Lernen, Realisieren des eigenen Potenzials, Kreativität ...

Sinn:

Klarheit, Verständnis, Einsicht, Orientierung, Bedeutung, Transzendenz, Einheit, Sinn ...

Feiern:

Zu schätzen wissen und genießen, Teilen von Freude und Leid, Rituale, Dankbarkeit ...

Spiritualität:

Schönheit, Inspiration, Frieden, Transzendenz ...

Anmerkungen

1. In der Gewaltfreien Kommunikation hat das Wort »Bedürfnis« folgende Bedeutungen: Bestreben, Wunsch, Traum, Wert; das, was uns animiert bzw. in uns »lebendig ist«.
2. Spiegelneuronen sind Nervenzellen, die dasselbe Aktivitätsmuster zeigen, wenn eine Person eine Handlung selbst ausführt oder eine andere Person dabei beobachtet, wie sie diese Handlung ausführt; daher der Begriff »Spiegel«.
3. Inspiriert von den vier Versprechen der Tolteken.
4. Catherine Gueguen (Frankreich), Allan N. Schore, Michael Meaney (Kanada), Martin Teicher, Joan Luby, Bruce McEwen (USA).

Die Autorinnen

Anne van Stappen, Ärztin und Trainerin für Gewaltfreie Kommunikation nach Marshall B. Rosenberg, hält Vorträge und Seminare zu Kommunikation und Konfliktmanagement und beschäftigt sich seit vielen Jahren mit menschlichen Beziehungen.

Catherine Blondiau, ursprünglich Rechtsanwältin, arbeitet heute als Yogalehrerin. Sie leitet regelmäßig Fortbildungen und Workshops zum Thema »Begleitung von Kindern«.

Die Originalausgaben erschienen 2010 bzw. 2017 unter den Titeln *Petit cahier d'excercices de Communication NonViolente®* und *Petit cahier d'excercices de Communication NonViolente® avec les enfants* bei © Editions Jouvence, S.A., Chemin du Guillon 20, Case 184, CH-1233 Bernex.

MIX
Papier aus verantwortungsvollen Quellen
FSC® C013736

© der deutschsprachigen Ausgabe: 2021 Scorpio Verlag
in Europa Verlage GmbH, München
Umschlaggestaltung und Motiv: Hauptmann & Kompanie
Werbeagentur, Zürich
Satz: Danai Afrati, München
Druck und Bindung: Eberl & Kösel, Altusried-Krugzell
ISBN 978-3-95803-372-6